日本のミカタ

ボク、この国のことを愛してるだけやで！

ほんこん

ワニブックス
|PLUS|新書

はじめに

「忖度《そんたく》」なんて言葉が流行語になったりして、なんか言いたいことも言えない――そんな息苦しい世の中になってきたと思いませんか？

ボクは別に誰にも忖度する必要もないので、テレビ番組なんかでは誰にはばかることなく、自分なりの正論を吐かせてもらってます。

中でも関西ローカルのニュース情報番組『**教えて！ＮＥＷＳライブ　正義のミカタ**』（朝日放送テレビ㊏9時30分～）では、パネリストとして言いたいこと言わせてもらってますけど、おかげさまで番組は好評みたいですね。

最近では、番組におけるボクの発言がＳＮＳ上でよく話題になってるようで、「東京でも放送してくださいよー」なんて言われるんですけど、ボクにはそんな権限ないからね、最初に言うとくけど（笑）。

では実際、ボクは番組でどんなコメントをしているのか例を挙げてみましょう。

「在京の番組が『金正恩《キムジョンウン》を偉大なる若い指導者』と言ってるけどちょっと待てよ。そんなもん、どの口が言うてんねん！　『偉大』って認めとんのかい！」

「日本が戦後補償をなぜ北朝鮮にしないといけないのか理解できひん。1965年に韓国にちゃんと払ってるんだから韓国が北朝鮮に払えばいい。『敗戦国』っていつまで言われなきゃあかんの？」

「野党もしょうもないわ。安倍総理を叩いて政権を崩すことばかり考えてて、本来やるべきこと何もやってないやん」

SNSで話題になったのをいくつか挙げましたけど、言っているのは、こんなもんですよ。**別に過激でもなんでもないし、当たり前なこと言うてるだけ**。ただ、誰も「おかしいことをおかしい」と言わないせいか、ボクのこうした発言がネットやSNSで注目されて、ボクのことを「ネトウヨだ」、「安倍シンパだ」と攻撃する人も増えてきました。

でも、ちょっと待ってくれや！

これらのコメント、どこが「ネトウヨ」やねん？　どこが「安倍さんのチョーチン持ち」やねん?

ちょっと前まで『ウィキペディア』(インターネット百科事典)のボクのプロフィールに「漫才コンビ130Rのツッコミ担当及びネトウヨ」って書いてあって……何やったの、あれ? 「及びネトウヨ」って。

ネトウヨが、芸名で「ほんこん」なんて外国の地名、名乗るかい! 本当にネトウヨなら「せんかく」とか「えとろふ」にでも改名するわって話や(笑)。

SNSとかで発言の一部を切り取られて拡散してるせいか、どうも「ほんこん」という芸人が誤解されているようなので、ボクの発言の真意を知ってほしいがため、一冊の本にまとめることにしました。

でも、**一番の目的は自分の言いたいことを忖度なしで伝えるためです**。

なんかね、今の世の中、自由にモノも言えない息苦しい感じになってきたけど、この本ではタブーも何もなく、日本のこと、政治のこと、外交のこと、そして本業のお笑いのことも書いていきます。

そうそう、この原稿を書いている間に、時代が「平成」から「令和」に変わりました。

改元に関しても「何かおかしない？」って感じることがありましたんで、ちょっと思ったことを書かせてもらいます。

今回の改元に対しても、政治利用だ何だと一部から批判の声もありましたが、ボクは「令和」ってすごくいいと思いますよ。政府が「『万葉集』から取った」って言ってるんだから、まるで鬼の首を取ったように「中国の古典がオリジナルだ」と、そこにケチつけんでもええがな（笑）。漢字はもともと中国から来てるんやしわかっとるよ。「『令』の字は『命令』を想起させ、民主主義と相容《あいい》れない」なんて言うジャーナリストもいましたけど、こういう人は「民主主義というのは戦後にアメリカから輸入された考えだ」と思い込んでるんでしょうね。

でもそれは間違いですよ。民主主義というのは、明治時代にちゃんと布告されているんです。『五箇条の御誓文《ごせいもん》』、読んでみてください。『一　広く会議を興し、万機公論に決すべし』……つまり「みんなで議論をしていかなあかん」って書いてあるがな。戦争に負けて、アメリカが押し付けてくる前に日本に民主主義があったんです。昭和天皇も「民主主義というものは決して輸入物ではない」って言ってはるよ。

だいたいね、「命令」の「令」で何が悪いの？　「命令」っていうのはひとりじゃできないこと。聞く人がいなかったら成り立ちません。上からの指示を下の者が聞いて、円滑に物事を進めるってことは、円満なコミュニケーションが取れてるってことです。

そんなことで文句言うんだったら、「平成」の「平」だって「平伏《へいふく》」「平身低頭」の「平」ですよ。安倍晋三首相を嫌いな人は何でもかんでも「独裁国家」のイメージを出したいんでしょうかね。

今回の改元で元号そのものに反対してる人らもけっこういることがわかりました。

「元号を廃止して、西暦に一本化しよう」

「国民の時間を天皇の生涯で区切るのはいかがなものか」

「元号というのは、寸断された時間の中で天皇と共に生きるということであり苦痛だ」

主な理由はこんなところでしょうか。

もちろん意見は尊重しますよ。でもね、別に嫌だったら元号を使わなかったらいいだけの話で、「生前退位」で元号が変わるという、ある意味でおめでたいタイミングで、わざわざ大声を出して言わなくてもいいのにと思いませんか？

天皇制に批判的なスタンスのとある政党は、「(元号は)日本国憲法の国民主権の原則になじまない」なんて見解を発表しましたが、誰も強制してるわけじゃないし、強制されているわけじゃないし、何が悪いの？　今後は国会なんかで過去の事例を持ち出す時に「昭和○年」とか言ったらあかんで(笑)。

じゃあ西暦ならいいわけ？　西暦ってキリスト教やで(笑)。イエス・キリストが生まれた次の年を元年(紀元)としてるんでしょ。政教の分離ちゃうんかい！　もともと宗教にも批判的な政党が西暦を使うのも違和感あるけどね。

まぁこんな感じで、皆さんが常日頃、

「今の世の中、おかしない？」

「何でやねん？」

と感じてる時事問題にもツッコミを入れつつ、「こういう見方があったんか」ということをお伝えできればいいなと思ってます。高齢者の運転事故や、無差別殺傷事件についても言わせてもらいますよ。もちろん、タイトルの『日本のミカタ』は「日本の味方」と「日本の見方」に掛かっています。では、どうか最後までお付き合いください。

目次

第四章 日本は自分たちの意思で守らんと！

第五章　命の大切さ、もっと真剣に考えようや

――つらい過去があるから未来がある！……159

おわりに

第一章　ボクの意見はヘイトじゃなくて平和のためやで

――『正義のミカタ』、ご存じでっか？

朝9時半から時事ネタやっても高視聴率のワケ

関東在住の方はご存じないと思うんですけど、ボクは今『教えて！ＮＥＷＳライブ正義のミカタ』という生放送のニュース情報番組でレギュラーのパネリストを務めています。メインＭＣは吉本の東野幸治くんです。

大阪の朝日放送テレビ制作のローカル番組で、関西の２府４県、名古屋を中心とした中京地区の３県、それから九州エリア（福岡・佐賀・大分県）と北陸（石川県）のほうでも放送されています。

２０１４年４月から放送が始まったから、もう6年目に入りました。

土曜の朝9時30分から放送だというのに、これがなかなか評判いいんですよ。例えば、今年1発目の1月5日の放送……緊急特番みたいな感じで「国境の島が危ないスペシャル」として、ボクと東野くん、そして専門家の先生２人の計４人で対馬《つしま》に行ってきたんです。その視聴率が同時間トップになったみたいで。

ただ、それはそれで嬉しいことなんですけど、こういう話題に皆さんが関心を持つほどに世の中がちょっと変わってきてるんちゃうかな。つまり、本当に皆さんが日本の防衛に関して危惧するようになったんちゃうんかな、心配するようになったんちゃうんかなと思いました。実際、韓国が対馬に我が物顔で入ってきている実情を見ることによって、少し真剣に考え始めたんでしょう。

「もう対馬が韓国のものになりつつあるやんか。でも、対馬の人が悪いわけやないやろ。これ、政府がなんとかせなあかん！」

そんな危機感から来るんでしょうね。

せっかくだから関東の方、さらには北海道、青森の方にも見てもらいたいなとは思うんですけど、まあ、それはしゃーないこと。関西のローカル番組やからこそできることもあると思いますし。

言うまでもなく今、日本は近隣諸国との間に問題をいっぱい抱えてます。韓国は相変わらず解決済みの問題を蒸し返してゴチャゴチャ言ってくるし、レーダー照射の件でも無駄な意地を張ってます。北朝鮮は核を放棄しない上に拉致《らち》問題も進展なし。

中国は軍事費を年々増やしていって、今年は約20兆円。今では日本の4倍近くに膨れ上がっているし、ロシアとの北方領土問題も一向に解決の糸口が見つけられません。

周辺諸国のえげつないやり方に腹も立つし、やられっぱなしの日本政府にも「もっと毅然と対応せんかい！」と腹を立てているのも事実。ただね、ボクは何も中国や韓国や北朝鮮の国民を嫌っているわけでは決してありません。何に腹を立てて憤《いきどお》ってるかというと、**彼らの国としての利己的な政策に対してです**。

住んでる人や、そっから来た人はぜんぜん関係ありません。ボク、韓国や中国、さらには在日の友達もたくさんおるからね。でもね、政策を主導する一国の指導者が偏りすぎたり独裁的やったら、隣国の住民としてやっぱり危ないじゃないですか。それだけの話です。

こんな感じで正論を言わせてもらっていたら、**知らん間に番組の中で〝過激発言担当〟の人間になってもうて（笑）**。

たしかにキツいことも言わせてもらってますが、間違っていることを言っているわけでもないと思っているので、そのスタンスで忖度なく言わせてもらっています。

そうすると、その都度ネットやＳＮＳなんかで「よく言ってくれた！」という声もあれば、「ちょっとお前、おかしいんちゃうか！」っていう声も出てきます。

それは人間、それぞれ考えや思想が違うから、いろいろ意見を言っていただけるのはありがたいことです。

日本は独裁国家ではなく、自由で民主的な国なんだから、意見が違うんだったら議論したらいい。おおいに結構なことです。

ケンカ売るならネットやなく正々堂々と！

番組ではロシアであれ中東であれ、いろんな国際情勢について扱ってます。そして、ホンマにテレビで言えるギリギリのことまでは言わせてもらっています。

ただね、それで叩かれても仕方がないなって覚悟してるんですよ。**テレビに出続けたいがために、言いたいことを我慢してもしゃーないでしょ。**「あんなに言って大丈夫ですか？」って心配してくれるツイートもあるくらいでね。

でも、いいじゃないですか！ **お笑いができるのは平和があってこそやと思うし。**人が笑っていたら、争いごとなんてないでしょう。そこに尽きるということです。この番組もお笑いの一環だと思ってボクはやっています。

お笑い芸人さんでもそれぞれ興味があること、好きなことがあっても、「諸事情」があっていろいろ言えない人もいることでしょう。ほんなら言えるヤツが言うたらええし、やれる人がやったらええ。それがたまたまボクってだけの話で。

言えないお笑いの人は、もっとバラエティ番組を活性化して、お金を稼いで、その分税金をたくさん払ってくれたら、国の役にも立つやないですか。

だから、「持ちつ持たれつ」という気持ちで、あの席に座って好きなこと言わせてもらっている所存でございます。

ただ、ボク自身はネットの書き込みは見てないけど、この本の冒頭でも書いたように、なんか「ネトウヨ」って言われてるみたいで。

でもね、ボク、ネトウヨの定義がわからないんですよ。ひょっとして「ネット右翼」の略か？　なら言うとくけどな、**ボクはネット上で何の発信もしてへんで！**

「ツイッターもネットや！」と言う方もおるけどね、ボクのツイッター発信は湘南の波の高さの情報ばかり（笑）。今日もね、「波はあるが風強し　#江の島」ってつぶやいたばかり。サーフィンやってる方から「助かります！」って言われてるくらいでね。

まあ実際、ＳＮＳでホンマに政治や社会情勢のこともあれこれ書こうかと思った時もあったけども、思いを伝えるには文字数をオーバーするから無理。次にまた……ってやるのももう面倒くさいなあと思って。

あとね、ネットの人らが好き勝手に意見を言うのはいいんですけど、申し訳ないんですけど、ボク、相手の顔が見えなかったらダメなタイプで。中学や高校の時にケンカするのでも、タイマンならタイマン、相手が５人やったらこっちも５人とか、卑怯な手は一切使ってきませんでした。

だまし討ちみたいなことして勝って、どないするの？　姑息《こそく》なことはしないで、相手の顔見てやらなケンカやないって思ってます。

だから、ネット上でケンカを売りたいんだったら身分を明かして、顔写真と電話番号とか全部載せるようなシステムにしたらいいと思うんですよ。それなら、ホンマの生きた言葉しか残っていけへんと思うんですけどね。

大阪だからできることもあるんやない？

さて、土曜日のお昼の12時くらいにツイッターの急上昇ランキングを見ると、高い確率でこの番組でのボクのコメントが取り上げられているらしいですね。

関東を含めて愛知県より東で放送されていないにもかかわらず、全国的に注目度が高いみたいです。

実際、「関東でも放送してほしい」「動画で配信してほしい」という声があるのもたしか。ありがたいことですね。

テレビ界の政治的なことはちょっとわかりませんが、この番組を全国放送できたら日本はもっと良い国になるんじゃないかなと思いますよ。

まあ、大阪のほうがざっくばらんにモノを申せるということもありますけども、東京と大阪、何が一番違うかというとやっぱり規模、大きさ、人の多さ。ひとつの発言に対して、それを言うことによってそれを知る人、あるいは迷惑がかかる人がケタ違いに多いので、やっぱり縛りが多くなるんです。

人間のノリも空気感も明らかに違いますけどね。評論家とか論客の先生方は「大阪に来たら何でも言えるわ」ってイキイキしてます（笑）。

一方、昔、とある外国人のコメンテーターが日曜の朝に全国放送のテレビ番組に出てたのに、「保守」という色が付いてからはまったく出ないようになったことがありました。単なる偶然かもしれんけど、スポンサーや視聴者の反応を気にしすぎ、ビビりすぎちゃうかな。こんなことをしてたらテレビがどんどんつまらなくなりますよ。

ある局のプロデューサーなんか、「ボクはそういうのが嫌やから、ネットの番組を立ち上げて頑張ってやろかなとか思ってるんです」って言っていましたけど、テレビで言いたいこと、本当のことを言えなくなったらおしまいやね。テレビで奥歯にモノが挟まったようなことしか言わなくなったら、そりゃネットに負けますよ。

そういう意味では、この番組はネット界隈《かいわい》の人たちも惹きつけてるし、視聴率もそれなりに取ってるということは、みんなが面白いと認めてくれているということだし、ニーズもあるということでしょうね。大阪の局の人らも、東京の人ほどいい意味で〝お上品〟ではないし。

もちろん、局によっていろいろな考え方もあるから、整合性を取らないといけないのはたしかに必要なことです。でも、やっぱり論客の先生方が言うように、「大阪に来たら何でも言える、何でもオッケー！」みたいな空気はありますね。生放送っていう強さもあるし。

その反面、当然、怖さはあります。差別用語とか使ったらもちろんアウトですから、ダメなものはダメです。

でも、それ以外はその人が思っていることなんだから、何を言ってもいいはずです。だって、**この国では言論の自由と報道の自由が憲法で定められてるんやから**。なのに、言いたいことを言えなくなったら、「ここはどこの国？」ってなるじゃないですか。

そういう意味では日本っていい国なんですけども、最近ちょっと住みにくくなってんのちゃうかなとは思いますけどね。ネット社会の負の部分というか、どことなく息苦しいというか。

バラエティ色から政治ネタがメインに

最初、この番組からオファーが来た時は、普通のニュース番組というか、バラエティ色の濃い情報番組かなと思っていたんですよ。

今でこそ世界情勢とか政治的な話を取り上げてますけど、実際、最初の頃は芸能ニュースもあったしね。

逆に、最初から今みたいな内容で話が来たら、たぶん、「いやいや、ボクには無理、無理」って断ってますよ。

まあ、時事ネタや政治ネタは嫌いじゃなかったから、「で、お笑いの自分、何したらええねん？」とは最初にちゃんと聞きましたけどね。そしたら、「専門家の話をちょっと聞いてもろて、意見をしてもろうたらいいんです」って言うから、お引き受けしたんです。

最初は、ガッツリ打ち合わせをしてカンペも出される感じでしたけど、自分の意見を言っているうちに、ある日からカンペがなくなりました。ありがたいことです。今はもう自分の意志で勝手に全部しゃべってます。

そもそもお笑いの人間やから、最初はどういう感じがいいのかわからなくて、手探りでしたけどね。やっぱり、政治でも経済でも、毎週やってたらアホでも賢くなってくるのか、なんか知識がスススッと入ってくるようになりました。

2017年4月ぐらいからですかね、だんだん芸能ネタが少なくなって、時事ネタがメインになってきたのは。

もちろん、前から時事ネタもちょっとは扱っていたんですよ。でもね、「もっとやれ!」みたいな声が大きくなったみたいで。

それまでは90分の番組中にテーマが6つぐらいあったんですけど、それだとちょっと消化不良というか。ボク自身、もうちょい深く聞きたいなと思っていたし、スタッフさんも同じ気持ちだったみたいで、今はもう3つくらいに絞られています。

わりと硬めのテーマが多いんですけど、肩ひじを張らず、ラフな感じでやってるのがいいのかもしれません。

国際状況が大きく変わっていく中で

番組が完全に政治ネタ中心になったきっかけは、「IS（イスラム国）」を扱ったときからです。

放送大学の高橋和夫先生がいろいろ解説してくれましたが、ISの話からシリア、トルコの話に広がって、今度はそこにロシアが入ってきます。ロシアを扱ったら北方領土の話は外せません。領土問題に触れると、当然、中国、韓国、北朝鮮の話にも発展していきます。それでもう国際政治のことをワーッてやり出しましたね。

そして、「国際社会の中における日本の安全保障はどないなんねん？」ってなった時にトランプ大統領が誕生して、「アメリカとどういうふうにやっていくねん？」って考えていたら、今度は北朝鮮で粛清《しゅくせい》とかがあって、ついにはトランプと金正恩がシンガポールで会うとかなって……もう、ISからは怒濤《どとう》でしたね。韓国も大統領が替わったし。

そんで、北朝鮮を扱った時に、「金正恩にノーベル平和賞をあげる」みたいな話があったんで、ボクは番組で「兄貴殺しておいて何がノーベル平和賞やねん！　おかしいやろ」と言ったら、それがツイッターであっという間に拡散されたらしく、全国的にも注目されるようになったみたいです。

そういう流れになる前のことですけど、「最も危険な国ランキング」的なテーマを取り上げたことがありました。

1位がロシア、2位が中国で、ほんで3位が北朝鮮やったんですよ。その時に、ボク、なんか言いたそうな感じやったんやろね。ニヤニヤした東野くんに「ほんこんさん、最後まとめて、どう思われますか?」って振られて。

「いや、皆さん1位がどうのこうのって言うてるけども、一番危ない国っていうか、一番あかんと思うのは北朝鮮ちゃうの? だって拉致問題、解決してないねん。そんなこと、親子三代続いてやってるんやで、この国は」

そう言ったのをすごく覚えてます。それでみんな「なるほど、そりゃそうやわ」って感心してくれて、「すいません、偉そうなこと言うて」って終わったんです。でも、その時ぐらいから僕の中で何か変わってきたなっていう感じはありました。

戦争になったらお笑いどころじゃなくなるよ

それまで、芸能界に身を置く者が北朝鮮、韓国のネタに触れることってなかったんですよ。何となくタブーというか。

正直言って、**メディアを中心に在日の人らに遠慮してる部分はあると思いますよ。**戦争からの流れで引け目もあるんでしょう。

でもね、国として脅威が高まってるのはホンマのことなんやから、言うべきことは言わないとダメ。それはそれ。いいことはいい、悪いことは悪い。実際、韓国との歴史問題や外交摩擦には言わないといかんことが山ほどあるけど、在日の人らとは全然別問題やからね。**怒りや反撃の矛先が在日の人らに向かうのは絶対に間違ってます！**

ボクとしては、誰に忖度することなく、自分なりの正論を述べてるにすぎないんですけども、これで干されるならもうしょうがありません。ま、テレビを干されようが干されまいが、舞台があるから別にええねんけど……待てよ、舞台も出れへんねんやったら……いや、そらあかん。やっぱり少しは忖度しようかな（笑）。

ま、とにかく、日本の近くに危険な思想の国があって、拉致被害者の方がおるのに、マスメディアもなぜはっきりと批判せんのかね。北朝鮮に対してなんでみんな強く言えへんのかなって、ただ純粋にひとりの日本人として思ってますよ。

だって、普通に考えたら、人をさらっておいて「身代金を寄こせ！」って言ってるんだから、犯罪ですやん！

それから、「なんで被害者である日本側がそんなに弱腰なの？」って思って、ただそれを指摘しただけです。だって、日本が過去に朝鮮半島を統治していたことと、戦後に日本人が拉致されたことには何の関係もないじゃないですか。

北朝鮮のことばかり言うてきましたけど、日本政府もシャンとしてくれんと。一応、政権与党は北朝鮮に制裁はしてるけど、なんでもっと強気に対峙《たいじ》をしてくれへんのかって思いますよ。だって、我が国にミサイルが向けられてるんですよ！　もし南北朝鮮が一緒になったとして、アメリカは「自分のところにＩＣＢＭ（大陸間弾道ミサイル）が飛んでけえへんから関係ない」ってなったら、日本はどないなんねん？

こういうことは言いにくいことかもしれませんけど、ボクが干されるぐらいで済むんだったら喜んで発信しますよ。**だって、戦争になったら、もう舞台も吉本興業も何もない。お笑いどころじゃないんですから。**そうなったら、日本のメディアも日本の国民も終わりでしょ。ちょっと過激な言い方やけどね。

だから、「今どういう危機があるのか、みんなにちゃんと知ってほしい」という思いだけなんです。それを知ったら、どういう対処をすべきか考えるようになるでしょ。知らんかったら何の対処もできないじゃないですか。

で、北朝鮮問題をやると、日本の安全保障を担ってるアメリカのことも考えるようになります。そうすると、憲法9条のことも考えるようになるんですよ。やっぱりアクションを起こさなあかんのんちゃうかなって思って発言するようになりました。

「無条件で話し合う」ってそんなに悪いこと？

北朝鮮の核問題だって、国民のために産業を発展させずに核ばっかり開発しておいて、そんで「経済援助をしてくれ」って……いやいや、それ、おかしいでしょ！　そんで、核を持ってるほかの国が「核を持つな！」って言うてるのもおかしいしね。とにかく、米朝会議とかにもっと日本も絡んでいくべきだと思いますよ。

「平成」から「令和」になったゴールデンウィークの終盤、北朝鮮が飛翔体——メディアはミサイルってはっきり言っていいと思うけど——をまた発射してね。

そんな中で安倍首相が「条件を付けずに（北朝鮮と）向き合わなければならないという考えだ」と言ったら、「これまでの方針からの転換だ！」なんて批判の声が野党などから上がったのには驚きました。

だって、これまでのやり方では何も前に進まなかったんだから、方針を変えるのは政治手法として当然でしょ。それでも成果の出ない方針に固執しろっていうのかね。対話せえへんかったらどうするの？

たしかに、これまでの「対話と圧力」だけでは効果がなかったってことになるけど、外国からの支援がまったくなかったら、北朝鮮は日本に対してすり寄ってくるアクションを起こしたはずです。まだミサイルを発射できるお金があるってことは、どっかの国が北朝鮮を支援してるんでしょ。いくら日本が兵糧攻めをしたところで、スペイン経由とか「瀬取《せど》り」なんかの裏ルートで物資が流れ込んでいるんだったら、もうその戦術は通用しないってことですやん。

日本が強気な対応をゆるめた理由は、こちら側にはもう時間がないからです。拉致被害者の方の健康状態はわからないし、日本のご家族の方は高齢化が進んでいます。**でもね、向こうにはなんぼでも時間がありますよ**。

意地張ってる場合じゃないし、国交もないんだから、もう無条件で話をしないとしょうがないわな。だから、安倍さんは腹をくくったと思うし、もしかしたらトランプ大統領との間でなんか話があったんじゃないでしょうか。

ボクは安倍さんの判断は間違っていないと思います。このままだったら、拉致被害者は絶対に帰ってきませんよ。「なんで無条件やねん!」って言ってる人ら! あなたたち、前の政権の時にも声を上げてたん?

そもそも、「平和憲法を守って戦争をなくそう!」「話し合いで問題を解決しよう!」って言ってる人たちが、無条件で話し合うことにケチをつけるのはどういうこと? またお得意のブーメランでっせ。話し合いをしなかったら、何をやったらいいの。反対するのは、ただ安倍さんが嫌いなだけやん。与野党関係なく、国民の命と国益を考えて行動してほしいわ。

ボクが自衛隊のことを誇らしく思う理由

『正義のミカタ』は土曜日の朝の9時半からなのに、視聴率が健闘してるっていうのはスゴイなと思います。スタッフさんも果敢にいろんな企画に挑んでるしね。

ボクは番組のある企画で、広島県の呉《くれ》の海上自衛隊員の方に、「迷ったこととか、誇らしいことはありますか?」って質問したことがあります。

そしたら、「迷ったことはない。誇らしいことは、やっぱり米軍や他国の軍隊から自衛隊と一緒に訓練したいって言われることです」と答えてくれました。いや～ボクらも誇らしく思わなあかん。

日本が武装するのをボクが賛成するのは、あくまで「備えあれば」の考えであって、「戦争をしたいから」なんてわけじゃないのよ、ホンマに。**戦争をしたないがために言**

うてんのよ！

「憲法９条改正＝日本が武装する＝戦争になる」ということで反対する人も多いんですけど、平和を目指してるというところでは一緒。そうでしょ？

でもね、これが悲しいかな、自衛隊の人に「人殺しや」なんて心ない声をぶつける人間がおるらしいんです。

そんなことよう言えんな（怒）！　自衛隊はそんな人らも守らなあかん。本当はみんなが誇らしいと思わな。こんなん、世界でも珍しいよ。**自衛に徹する隊なんかないんですよ**。実際に抑止力となって、日本は戦争になっていない。それを考えてほしいです。

潜水艦乗りの自衛官なんかは訓練の日になると、ある日突然、家を出ていくんですって。たとえ家庭を持っていても、新婚さんでも、子どもが産まれたばかりでも。家族にもスケジュールとか絶対言ったらダメだから、突然出て行って、いつ帰ってくるかもわからない。奥さんや子どもたちはどんな気持ちなんでしょう。

潜水艦の中では風呂はなくてシャワーが３日に一回。そして魚雷の横で寝るんです。そんな人たちに守ってもらってるのに、「人殺し」なんてよく言うなと思います。

ボク、なんか極端なこと言うてますか？　なぜ「保守」「ネトウヨ」って受け取るのでしょうか。まともなことを言うて何がダメなんでしょう？

でも、ま、「保守」なら「保守」でいいのかなと思いますけどね。**だって、この国に住んでんねんから！**

それが違うという人らは、何らかの理由でこの国を貶《おとし》めようと思ってる方々なんでしょうか。もしかしたら、戦後の自虐史観をすり込まれた可哀そうな人たちかもしれないですけど、やってることは結果的に他国に利することばかりでしょ。

いや、ちゃんと意見を言うんだったら大いにけっこうです。国がおかしい政策をやるのだったら、文句を言えばいいわけで。

いっぱいありますよ、そんなん。税金も高いし、その一方で無駄も多い。しょうもない国会議員もたくさんおる。

ま、税金が高いと言っても仕方がないもんな。納税は国民の義務やからね。その代わり、その使い方はちゃんとしてもらいたいわな。

でも、**アメリカが日本の防衛から手を引いたらもっと税金は高くなりますよ**。だって自分らで守らないといけなくなるんだから。

そういう事態に対し、どういうふうに考えていくべきか、もっと国会でもメディアでも積極的に議論をしてほしいと思います。

そして、意見のひとつとして、**「大変なことが起こる前に憲法を直して、自分の国は自分らで守りましょうよ」**ってボクは言うてるだけなんです。いや、憲法だけじゃない。時代に応じて、刑法も民法も全部変えないといけませんよ。

どうですか？　こういう考えってそんなにおかしいですか。

ボクは視聴者の代弁者として言いたいことを言う

ＭＣの東野幸治くんは、ホンマに地上波で放送できるコメントしかしないんですよ。それで、きついコメントはボクが言うやろと思って振りよんねん（笑）。で、振られたからには何か爪痕《つめあと》を残すっていうか、「ええ仕事するで〜」っていう気持ちがあるから、ボクもつい言うてしまう（笑）。芸人の性《さが》や。その繰り返しやね。

でも難しいことは何もないんですよ。**ボクは視聴者の代弁者やと思ってあそこに座ってるから**。みんなが思ってることを言ってるだけ。

だけど、東野くんの好感度が上がって、ボクがネトウヨみたいに思われたらえらい損やわー（笑）。まぁ東野くんが努力してＭＣやって儲かる分には全然いいので、これくらいの文句は言わしてもらいます。

番組が番組だから、けっこう政治的な発言をするんですけど、**自分の発言に後悔というのはまったくありません**。その時はそう思ったんだから、仕方がない。その時に思ってもないことを言うのも違うし、思ってることを言えないのもダメでしょ。

もし北朝鮮問題でも憲法改正議論でも何でも、勉強を重ねて自分の発言の間違いに気づけば、そこはボク、素直に訂正するし、ちゃんと謝ります。実際、発言も変わりますよ。人間だし、それが成長でもあるから。過去の発言に縛られるのも違いますよね。

恋愛と一緒で、ずっと好きな子でも、やっぱり思いも変わってくるじゃないですか。好きは好きだけども、あの時の好きさと今の好きさは違う……っていう感じで。

物事っていうのは、そんなに変わらないこともあれば、時代が変わって、「やっぱりあの時は間違っていた」ということもあるので、そうなったら、平気でボクは謝ります。

でもね、**この「謝る」ってことができない人も多いんです。**「立場的に謝れへん」なんて、何の立場かなとか思うんですよ。

どんな金持ちでもどんな偉いさんでも、どんなすごい先生でも、メシを食って寝て起きるやろ、クソするやろ？　一緒やないか！　ほかに何があんねん。そこは人間平等やと思ってぶつかるしかありません。

ボクの後ろに何万人もいると思ったら、言いたいことも言えます。モノを言う時には肩書も立場も関係あらへんがな。

だから、ボクの中では企業の不正なんかを内部告発する人、内部通報者はホンマに偉いなと思います。そこで雇われてるけども、この会社がやってはいけないことをしていることに気がついた時に、それを指摘するのが一番の勇気だし、ホンマにその会社のことを思っているからできる行動だと思います。

与党の方でも野党の方でも、献金もらってます、裏で何かもらってますっていうのを言わない人らがおるじゃないですか。全部「記載ミス」、「秘書のせい」、「自分は知らんかった」で済ませてますけど、それはダメでしょ。

それはボクらも一緒だと思います。たとえ番組スポンサーさんでも、何か不正行為、不祥事があったら言わないとダメ。

だから、もし万が一、出演番組のスポンサーであっても何か問題が起きたらボクはその番組で言いますよ。それがパネリストとしてのボクの仕事ですから。

お客さんはスポンサーではなくて見てくれる人たち

例えば、あるスポンサーの番組であっても、そこの社長さんが逮捕されたら言うべきことは言わないといけません。クエスチョンが付いてることはちゃんと言わないとね。

一番大事なのはね、「見てる人がお客さんだ」ということです。

間違ってるのは、出演者側の「スポンサーが神様や」という考え方だと思います。いやいや、見ている視聴者がお客さんで、そのお客さんがＣＭを見て商品を買うんでしょ。そこからボクらに流れてくるってことを理解しないといけません。

やっぱりね、テレビに出てる以上は視聴者が知りたい情報だったり、視聴者が言ってほしいことは言わないと。そうじゃなかったら、あそこに座ってる意味がありません。ホンマにつまらんコメントしとる人ら、ぶっちゃけコメンテーターの中でもたくさんいてるし。「え、何そのコメント？」って言いたくなる人、正直います。「ホンマにこの人、ジャーナリストなの？」って人もね。

芸人でも、「あー、いや、それはスポンサーのことやから」なんて、それがウケると思って言うヤツもいて。「いやいや、お前それやったらその時間は席どいとけ！　ほんでギャラもちょっと下げてもらえ！」と思いますよ。

コメンテーター席、パネラー席に座っている限り、思ったことは言わないといけませんよ、視聴者のことを思えばね。国民である視聴者のことを思えば、政治の話だって勉強して切り込まないとダメ！

だって、ボクらは**「ウソを言うな、正しいことを言え！」**って子どもの頃から教えられたじゃないですか。その勇気を持て！　と言いたい。

その時は叩かれるかもしれないですけど、見てる人は見てるって思うんですよ。「のちにわかってもらえたらいい」ってくらいの覚悟を持たないとね。

中には、背に腹は代えられないというか、食べていかれなくなるのが怖いという人もいるのかもしれないけど、その局のプロデューサーさんが自分の責任で選んでくれてそこで座ってるのだったら、覚悟を持たないといけません。

東京の人も大阪に来る機会あったら放送見てや！

『正義のミカタ』は生放送ですけど、ボクがお題を知るのは放送3日前の水曜日。ボク、「知見《ちけん》」なんて全然なかったんですけど、これまでの番組で得た知識の積み重ねもあるし、ちょっとは調べたり、東京発のテレビを見たりして勉強しています。

それで、「ああ、このコメンテーター、こんなこと言うてる。そうじゃないやろ、オレやったらこう言うわな」とかシミュレーションしてね。そして、スタッフと打ち合わせをする時に、お題に対して知りたいことを、ある意味、視聴者感覚で質問していくんです。もちろん、ひとつだけじゃなくて思いつく限り。

そしたらスタッフは「ほんこんさんの言ったとおりに台本作ることもあるんですよ」なんて言ってくれるから、「そやろ〜、オレ、ええ質問してるやろ。作りやすいやろ〜」ってニヤけるんですけどね（笑）。まあ、お世辞でも嬉しいわ。

でも、なんか知らない間にボク、韓国、中国の担当みたいになってってね。イスラエルとかシリアとかもいっぱい特集したはずなのに、**いつの間にか一番ややこしいところを押し付けられて（笑）**。

でもね。とにかく、戦争したないから！　ただそれだけやねん。争って命を落とす必要はないし、そんなん意味もない。だから、真面目に頑張ってますよ。

それにしても、年明け早々に対馬を特集するなんて、とがった感が最高ですね、本当に。やっぱり、すごい番組だと思いますよ。

対馬はね、九州から遊びに行くのでも料金が高いんですよ。2年前の平成29年4月、「特定有人国境離島法」で島民カード（国境離島島民割引カード）を持ってる人に対して、博多と対馬なんかの航路・航空路の運賃を2〜3割引き下げたんですけど、まだまだ運賃が高い。もっと安くして、日本の観光客が気軽に行けるようにしないと。

対馬は元寇の時、元・高麗《こうらい》連合軍約1000人の軍勢に対し80余騎で戦ったっていいますからね。外敵に対しての危機感の違いというのは、西日本と東日本、関西と関東では差があるかもしれません。東京で対馬の特集をしても、正直、そんなに視聴率は行かないんじゃないでしょうかね。

この番組、差別用語とか言ったらいけないことはもちろんありますけど、ギリギリのところまで言えるのがいいんじゃないかなと思います。

まだ東京でやるには早すぎるかなぁ。でも、少しずつ東京でも言える環境づくりは進んでるような気がします。急に熱い湯には入られへんけど、まず関西からだんだん湯をうめるみたいな感じでね。

ま、おかげでノビノビと発言もできるから痛しかゆし。

ネットやSNS上だとボクの発言の一部だけが切り取られてネトウヨみたいに言われてますけど、ボクが本当に右派的発言をしてるのかどうか、仕事なり観光なりで大阪に来る機会があったら、ぜひ見てもろうて、確かめてほしいですわ。

ボクの発言は日本と日本人のために

テレビで好きなことを言うのも当然リスクはあります。ボクの発言で誰かが傷つく可能性があるかもしれませんけど、**ボクが言っているのは個人攻撃なんかではなく、国家間のことですからね**。

そもそも日本が敗戦国だからって、戦後、他国からあまりにも好き放題にされてる。それに対して「ちゃうやろ!」とモノ申しても、誰も傷つかないはずでしょ。ボクね、この番組の時、おかしなんねん(笑)。なんか降りてくるというか、なんて言ったらいいか……「これ、オレのことじゃない、みんなが困ることや!」と思ったらタブーなく言えるんですよね。そもそもボクは、下から突き上げられて来た意見を上の人間にモノ申すっていうタイプの人間なんだと思います。

「オレがみんなを引っ張っていこう!」とか「オレについて来い!」という一番上に立つリーダータイプの人間ではなくて、まさに中間管理職体質。ま、ボク自身、それが嫌いじゃないんですけど。

だから、番組でも「ギリギリなことを言って戦ってやる！　オレがみんなをリードしてあげる」なんて、皆さんが心配するようなことはまったく思ってなくて、ただ単にみんなが「変だな、おかしいな？　なんでかな？」と感じていることを、素直に専門家の先生たちにぶつけてるだけです。

もちろん、この番組での姿もボクのホンマの姿ですけど、自分のことだったらあんなにアツく言わないですよ。**人のためになるから、日本の将来のためになるから、視聴者の皆さんのために発言しているからアツくなるんです**。

世のため、人のため――そうやねん、人のことでよう動くね、なんか。

そうそう。この間もね、知り合いのブリーダーが犬をキャンセルされて、「ほんこんさんのほうで犬欲しい人いてませんか？　芸人さんでいてませんか？」ってLINEで泣きついてきて。イギリスの血統書付きのなんとかっていう犬やったけど、30万円もするんですよ。「30万円かい！　キャンセル食ろうたんやったら半額ぐらいにせえや」って言いながらも、「ほんなら期待せんとって、一応当たってみるわ」って言うて、何件か当たったんですけど、犬好きな人はもうすでに飼ってるじゃないですか。やっぱり見つけられなくて。

いや、引き取り手がいなきゃいないで別にボクが困ることじゃないんですけど、何をやっててもそれがずっと気になってるんですよね。頼られたからには何とかしてあげたいなっていう気持ちがあるから。あまりに気になって、何にも手につかないから、もうそいつのＬＩＮＥをブロックしたろかなと思ったわ、ホンマに（笑）。

同じ思想の人ばかりを集めても議論は深まらない

ネットやＳＮＳで反応が大きかったりするのって、やっぱり東アジアの政治ネタ。北朝鮮の核問題から世の中が危ない感じになってきたからでしょうね。

実際、国際社会を見渡せば、トランプという「自国第一主義」の大統領が出てきて、「一帯一路」を掲げる習近平《しゅうきんぺい》もいる。さらに核廃棄の問題で意地を張り続ける金正恩もいる。東アジアではないけど、北方領土の返還交渉でノラリクラリのプーチンも日本のすぐ近くにいる。

今、東アジアを取り巻く環境に濃いキャラクターが勢ぞろいだし、グローバル社会だから、番組でひとつの国を取り上げれば、今の世界情勢もわかりやすいんでしょう。

この番組でボクが一番いいと思うところは、**保守の人も出るけども、リベラルの人もちゃんと出ているところ**。このバランスって大事だと思います。

それでも、ネットのほうでは「キャスティングがおかしいよな」とか「なんでリベラル系の人間が出てんねん！」とか書かれますけど、そもそも保守の番組でも何でもないからね。これが普通やっちゅうねん！

この番組では、専門家を含めていろいろな人からいろいろな意見が出ますけど、それはその先生の『正義の見方』だという意味があります。

あくまで「討論」じゃなくて「見方」。「保守系の人の見方はこうです。でもリベラルの人はこうです」であり、判断するのは視聴者というスタンスです。

そうしたら、視聴者も自然とわかってくるじゃないですか。「あ、この人のこういう考えやったら日本が危ないわ」って。だから数字が伸びてきていると思うんです。

右派と言われる人だけを集めて話しても意味はありません。いわゆる右派と左派が、お互いに意見を言うからこそ真実や進むべき方向が見えてくるので、それが視聴率の健闘につながっていっているると思うんですよね。

ただ、どの出演者も願っているのは戦争なんか絶対あかんということ。右の人も左の人もそれだけは同じ思いです。

それが伝わらんのは歯がゆいなぁ。

忖度して発言しないくらいなら、その席をどけや!

テレビで意見を述べる場合、あるいは反対意見を言う場合、相手は嫌な思いをしてないかなって、そういう気遣いはあります。

そりゃボクだって人間やもん。だから、絶対に反論できない言い方をするのか、逃げ道を作ってあげるのか、フワッと終わらすのかっていうのをしゃべりながら考えますね。どこで落とそうかなと考えるのは、やっぱりお笑いでいろいろ培ってきた部分が生きてるっていうことかもしれません。

さっきも書いたとおり、討論番組ではないから、激しい口論になりかけたら、「ああ、いや、ちゃうわ、もうごめんなさい」とか言います。

そういう時には東野くんが入ってきてフォローしてくれたりしてね。やっぱりアイツは上手いです。まあ、吉本の屋台骨で、ようさんお金もろうてるから、それは上手いこと入ってきますよ（笑）。

ただね、この番組でボクなりの正論を吐いているというのは、視聴者の方に本当のことを知ってほしいという気持ちはもちろんありますけど、それ以上に**他番組のコメンテーターに対しての当てつけもけっこうありますよ**。

「お前らなんで言えへんねん。何、忖度しとんねん！　それで金もらうなや、アホ！　座ってんやったらお金もろうてねんやろ。それは何や？　スポンサーの方々からの制作費でしょ。その制作費はどこから生まれてるの？　その商品買ったお客さんでしょ。だったらお客さんが納得するコメントしたらんかい！」

そう感じて、あえて言っている部分はあります。それで番組スタッフとかに注意されたこともないしね。同じ思いでいてくれてるのかな？

ただ、少し前の話ですけど、番組で「領土は有事でしか戻ってけえへん」という話になって、「有事、戦争だよ」って先生方が言うてた時に、東野くんがひとこと、「戦争はダメです」で終わったことがありました。さすが東野くんやね。

でもね、先生方は「戦争がいい」「武力で取り返せ」なんてひとことも言っていません。「他国に奪われた領土というのは、これまで戦争でしか取り戻したことがない」と、歴史を鑑《かんが》みて言ってるわけで、何も「戦争をしろ」なんて言ってません。それはもちろんボクも一緒です。

つまり、領土問題に関しての、先生らの方程式にすぎません。「過去に奪われた領土+取り戻す＝有事」という方程式。それは客観的な事実であって、煽ってなんかいないわけです。それを煽ってるように感じるのはなんでやねんってボクは思ったけどね。

「ひとつの意見」と違うん?

もちろん、「戦争をしないと、どうしようもなくないですか」と、のたまったどっかの議員は論外ですけどね。

今の日本は憲法9条でその方程式を使うことは禁じられているのはわかってますけど、

それを「議論することすらダメ！」というのは気持ち悪いわ。**ボクそんなヤツらと一緒に死にたないよ。**

誰が好き好んで戦争やろうと思ってんの？　そんなヤツなんかいないと思ってるボクが甘ちゃんかもしれませんけど。もちろん、みんな戦争なんか絶対いけないという前提の下でしゃべってますよ。

戦争なんてものが起きてしまったら、好きなお笑いも好きなサーフィンもできひんやん！　そうなったらしんどいわ〜。ホンマに勘弁してや。

日韓請求権協定を読めば全部解決済みとわかる

ボクは「視聴者感覚」を大事にして番組収録に臨んでいるので、特段、過去の資料を読んだりはしませんけど、1965年の「日韓請求権協定」だけは事前にとことん関連資料を読みました。

そして、いろんな人の話も聞きました。「これだけは間違ったことを言えない」と思いましたから。

実際に勉強してみたら、「なんだ、これ一本ですべて反論できるやん！」って思いましたね。「慰安婦」やら「徴用工」やらいろいろ韓国から言われても、**「何言うてんの？この日韓請求権協定にサインしましたやん」**って。

当時、交渉中に韓国内で軍事クーデターがあって、朴槿恵《パククネ》のお父さん・朴正熙《チョンヒ》の時代に独裁政権が決めたことだから無効だなんて言う人もいるようですけど、クーデターがあったとしても大統領というのは韓国自身で決めたんでしょう。その時に結んだ国と国の約束を今になって「知らん」って言われても、ボクらはどうしようもありません。だったら、その時に「ちょっと約束できひん」って言ってくれたら良かったのに……。

「募集工」（ボクはこう呼んでます）の問題でも、「個人の請求権があるから個人の支払いをしましょうか？」って当時の日本政府は言いましたけど、「いやいや、全部くれ、取りあえず3億ドルは無償でくれや。で、2億ドルは貸してえや」って言うたのは韓国のほう。それを今になって個人請求の訴訟なんて起こして……。

日韓請求権協定では、当時の韓国の国家予算の2倍以上の巨額な支援だったんですよ。

その上で、その後の韓国経済の急成長、いわゆる「漢江《ハンガン》の奇跡」というのが実現したんだから、そこで十分、恩恵を受けてるじゃないですか。

だから、「すんません。私らの都合で橋を造ったりインフラを整備したり、いろんなことに使って個人（国民）には補償しませんでした。ほんで、日本が当時こっち側で造っていた工場とかもそのまま資産としてもらえたんで、みんなで使わしていただきましたよ」ってことでしょ。韓国政府としては「これは日本から戦後補償でもらったんですよ」って自国民に言ったらいいだけのことですよ。

でも、そんな当時の事情、韓国の国民は知らないんだから、それは怒りますよ。だって学校で習っていないから、「個人の請求権があるやろ！」と言うのは仕方ありません。韓国の司法も日本に言うんじゃなくて、韓国政府に対して言わないとダメなんです。

日本としては、「あんまり私らが言うたら内政干渉になるがな。それはそっち側でやらなあかんよ」と、ちゃんと説明しないといけません。

「当時の韓国は、軍事独裁国家やったからしょうがない」っていう見解を持ってる日本の人もいてますね。でも、**軍事国家なら約束破ってもいいってことになれば、現に軍事**

独裁国家の北朝鮮とは何の約束もできませんよ。

話し合えったって無理じゃないですか。日本の中で主張してる方も二枚舌じゃなくて、それはちゃんと言うてもらわないと困ります。

寝ている日本人を起こした韓国軍のレーダー照射

外交でいうと、韓国、北朝鮮、中国、ロシアといった周辺諸国から日本がなめられているってところは否めないでしょ。

でも、**昨年12月に起きた韓国軍によるレーダー照射問題で、ある意味、寝ている日本人を起こしたんちゃうかなとか思うんですよ。**

それに加え、「募集工」の判決も国際法を無視したひどいもんでした。日本のメディアまで「徴用工」と報道するけど、みんながみんな「強制」ではないからね。

もちろん悪い人にダマされた人もいるかもしれないけど、多くは自分の意志で応募してきた人たち。もっと言えば、今回の訴訟については、まだ戦時徴用が始まる前から働いてた人が対象でしょ。

とにかく、レーダー照射で有事にならなくて良かったとボクは思いますけども、韓国が意地を張ったことで問題が大きくなったのはたしか。ホンマだったら、日本が「いやいや、こんなことはあかん。出て行け！」って撃ってもいいくらいなんだから。

昔、ソ連に沖縄本島や沖永良部島《おきのえらぶじま》の上空を航空侵犯をされて、日本が威嚇《いかく》射撃をしたことがあったんです。たしか1987年の出来事だったかな。そしたらソ連は逃げ帰って、すぐに「申し訳なかった。あれは機械が故障してもうてたんや」と言い訳して、関係者を処罰したっていう前例があるんです。

でも、今の日本はやり返してこない国だと思われてるわけでね。いや、これマズいでしょ。威嚇が難しいなら、早く国際司法裁判所に訴え出たらいいと思うんですよ。もちろん領土問題もね向こうが出てくる、出てこないじゃなくて、日本は世界のルールに則《のっと》ってアクションを起こせばいいんです。

『正義のミカタ』では、レーダー照射に関して、「安全保障を優先すべきで、両方とも映像を出して国際世論に訴えるというのは得策ではない」と発言する学者の方がいました。ボクは「それは違う！　逆の立場やったら絶対に韓国は言うてるやん！」って言い返しましたけど、今回の件に関しては、どんな立場の方であれ、韓国の肩を持つのは無理があるでしょ。

いずれにしろ、番組を見ている人は、おのずと答えを出してくれたはずです。**ボクの意見はゴリ押しでもヘイトでもないですし、平和のために言ってるんだから！**

この件に関しては、さすがに韓国の言うことはメチャクチャやったから、在京の局もレーダー照射はおかしいっていうようになりましたよね。

本来は是々非々であるべきあって、ボクはこれからもおかしいことにはおかしいって言うていきますよ！

第二章　国会議員の皆さん、ちゃんと仕事してえや

――領土を守るつもりがないんならなったらあかん

国を守るのに与党も野党もない！

ボクが皆さんに重ねて伝えたいのは、「誰も戦争なんかしたくない」ということ。ボクがお笑いの仕事を続けていられるのも、平和な世の中であってこそです。

政治家の人たちもみんなその頂上を目指して登ってるはずなんですけど、それぞれ登り方が違うんでしょう。「世界平和」という究極の目標に向かってみんな歩んでいるはずなのに、そこに至ろうとする道筋がみんな違うんです。

自由民主党やったら自由民主党、立憲民主党やったら立憲民主党、日本維新の会やったら日本維新の会で登り方が違うし、同じ党の中でも意見が分かれますよね。「やり方が違う」とか言って細かいところに文句をつけてね。

でも、僕は単純に分かれるのはおかしいと思うんですよ。特に「国防」に関しては、ボクはテレビでは「超党派、党を超えて協力せい！」って声高く言っています。**「国を守ることに関して何を反対してんねん！」と思うし。**

特に野党の皆さん！　耳が痛いかわからへんけど、２０１８年12月の韓国軍によるレーダー照射の件について、なんで何も言えへんの？　どこの野党って言わなくても、皆さんわかるでしょ？　批判が上がってから党のアカウントで微妙なツイートした党もあるけど、所詮はゴマカシ。国会議員として責任放棄でしょう。

例えば、『正義のミカタ』の年始スペシャルで行った対馬に「韓国展望所」っていうのがありました。そこから見えるのが対馬の自衛隊。双眼鏡で丸見えなんですよ。「装備から何から見せて、おかしいやないか、あんなもんは！」と。そういう対策が足りないことを野党の皆さんが政府、与党になんで言わないんでしょうか？

与党だけが国を守ってるのと違います。政治家の一番の責務は国民の命を守ることでしょ？「もっと国民のために働いてくれや！」と言いたくなりますよ。

野党の皆さんも、実は心の中で「アメリカがおんねんから何とかなる」って思ってるんじゃないでしょうか？　そうじゃなかったら、日本共産党が言うように、「アメリカは基地を引き払って日本から出ていってください」って発想になるはずです。

アメリカに撤退してもらうんならそれはそれでいいけど、そうなったら、結局、自衛隊をデカくして自分らで国を守るしかなくなりますよ。

それなのに、「9条があるから丸裸でおれ」っていう論理が通用するのが理解できません。ボクは、その人らとは一緒に生きていかれへんわ。そんなんなった時に、日本っていう国、日本人っていう民族はなくなるよ。

ボクもね、国に税金を払っているから言わしてもらってます。そうすると、「お笑いの人間が政治的な発言すな！」ってよう言われるんですね。

なんでなんかな？　**「ボク、お笑い芸人の前に日本国民ですよ」っていう話やん。**この国に税金を払ってるんですよ。国のやることに口出しする権利があるんです。

だからこそ、**「そういうことを言う人らこそ差別意識が高いんじゃないの」**とか思うわけです。上から目線で「芸人のクセに！」って見てるんでしょうね。

「お笑いはお笑いのことだけやっとけ！」ということは、「主婦は家事だけやっとけ。サラリーマンは仕事だけやっとけ。国のことに文句言うな！」ってことと同じでしょ。

それは違いますよ。納税してなかったら言われへんけどね。

だから、言わせてもらいますけど、これからも戦争を起こさないために、やっぱり日本も抑止力としての武装はすべきやと思います。

ボクは右派でも左派でもないし、安倍さんの応援団でもない

北朝鮮が日本人を拉致しても、核実験をしても、日本は無抵抗。誰に遠慮してんのか、文句を言うこともほとんどありませんでした。それが、核開発をやめるどころか、核を搭載できるミサイルの実験をし始めて、「もしかしたら自分らも被害を受けるかも……」となったら、やっとメディアも大騒ぎし出しました。

だから、被害を受ける受けないは置いておいて、転ばぬ先の杖じゃないですけども、何か相手の嫌がることをやって、「日本ってうるさいな」「手出ししたら痛い目に遭うな」って思わせて、戦争をしない方向に持っていけばそれでいいじゃないですか。

だから、**日本は武器を持たないいんじゃなくて、武器を持っていいんです**。持ってても使えへんかったらええねん。逆に「ひょっとしたらあいつら、武器使いよんのちゃう?」「怒ったらヤバイやん」って思わしたらいいだけの話。

今後、もし政権が替わった時に、野党の皆さん、あんたらは武器を使うんかっちゅう話でね。持ってても使わなきゃいいんでしょ。

日本という国はもう70年以上も戦争をしてません。軍隊も持ってない。それなのに、軍隊を持った途端、戦争を始めるとでも思ってるんでしょうか。

日本が軍隊を持つことに一部の野党は反対しますけども、じゃあなんで軍隊を持ってる国に対して、「軍隊を持ったらあかん！」と非難しないんでしょうか。中国共産党の方々に「軍隊を放棄してください」、韓国にも、アメリカにも「軍を持たないでください。話し合いで解決しましょう！」って野党の皆さんが働き掛けたらいいじゃないですか。**周りの国々が武装してるのに、なんで日本だけが丸裸にならなあかんの？** 体を鍛えて金属バットでも持ってたら、誰がそいつに襲い掛かるかっちゅう話でしょ。日本には良心があるので、こちらから攻撃することなんてないんだから。

結局のところ、「リベラル」って何なんですかね？ 本来の意味は「多様性の享受」でしょ。でも日本だと、相手の要望を聞いて、自分は何もしない人たちのこと？ 家に鍵かけないで、泥棒に入られても文句言うなよって言いたい。でも、そんなヤツに限って、家の玄関に警備会社の防犯シールを貼ってたりするんですよね。

申し訳ないけど、リベラルな人のほうが過激ですよ。「多様性ガー！」とか言いながら、その多様性が全然なかったりするしね。人の話を聞く人はそんなに相手を責めないもんですけど、こういう人らは話し合いにもなりません。どこがリベラルやねん！

ボクは右でも左でもありません。

オレはオレ、ほんこんの意見を言うだけ、この国のことを愛してるだけ。

それでもボクに何か言いたいことがあるなら、ネットとかに書き込むんじゃなくて、表に出てきて発言してもらいたいわ。

何なら芸人でもやって、ちゃんとしたルートでテレビ出るようになって、『正義のミカタ』に来たらええねん。そっからやで、勝負は！

だから、ネットでボクがネトウヨだなんだと言われてたとしても、保守の方々の意見でも違うものは違うって言うし、安倍さんだっていいところはいい、悪いところは悪い、それはそう思いますよ。

そもそも「安倍さんの言うことは全部正しい」なんて盲信してるわけじゃないし、安倍さん応援団でもないし、特定の野党を応援してるわけでもなんでもありません。

ただ、「改憲を今、そんな急ぐことはない」っていう、某野党党首の発言は困ったもんやな～と思いました。「あんた、もう家のセキュリティ、何もすんなよ！」ってボクは番組で言いましたけどね。

なんで迫りくる危機に対して、準備したらダメなんでしょう？ どうもその思考と結論がボクには理解できません。もし有事が起こったら国民を守れんの？

そんなことだから、周辺国に好き勝手やられてるんの、わからないのかな。それとも、好き勝手にやられたい理由でもあるのかな？

メディアは野党の不正もただすべき！

結局、２０１８年の政治を振り返っても、「この国を良くしよう！」というより、野党が与党の揚げ足を取ってばっかり、政局ばっかりでした。

森友学園・加計《かけ》学園問題って何だったんでしょう？ あそこまで野党とメディアが引っ張るほどの問題だったのかなって改めて思いますね。あれだけ騒いで、安倍さんとの関与を裏付ける決定的な証拠も出てこなかったし。

本当に疑惑を証明したい一心ならいいですよ。でも、実際はそうではなくて、野党が「『オレ、政府にモノ申してる』っていう姿勢が素晴らしい」って思ってること自体……いや、それもいいことだと思いますよ。政権の暴走を監視してますよっていうのは大事です。でもね、結果としてモリカケ問題はただの時間つぶしだったじゃないですか。結局、何が残りましたか？　ほかに議論すべき問題はいくらでもあったでしょう。保育士の給与改善は？　児童相談所の強化とかやるべきことがたくさんあるんちゃうん？

だから、情報番組に出てパネリストをやる限り、最近の野党の言動については日本国民として一石投じたいなと思います。

ただ、森友学園問題は登場人物も含めて、たしかにツッコミどころはあったかもしれません。でもね、加計学園に関しては四国に獣医学部が必要なんだから、愛媛の加戸《かとも》守行《りゆき》前知事も言っていたように、これはやらないといけないでしょ。

だいたい、アメリカと比べて日本の獣医学は20年も遅れてるんです。今年は豚コレラで豚が何万頭も殺処分されてますけど、狂牛病とか鳥インフルエンザとか出てきたときに、それに対処できる人間がいなければ日本の畜産業界がダメになってしまいます。それで食料が不足したり景気が冷え込んだりと、国民の生活につながっていくんです。

野党が問題にしたかったのは、今治《いまばり》選出の議員と加計学園の事務局長がお友達だったことでしょ。閉会中審査で加戸前知事は「お友達であれば、すべてがダメなのか」と言ってますけど、**「普通、友達やったら紹介するで」とボクは思うけどな。**別に悪いことをしてるんじゃないからね。安倍さんと理事長の関係も同じでしょ。

メディアが正義の〝味方〟を気取るなら、与党の疑惑を騒ぎ立てるだけじゃなく、野党の不正や忖度もたださなければいけないと思います。セクハラ問題とか外国人からの献金問題とかあったでしょ？　左派の人は、不況も自然災害もすべて安倍さんのせい、いわゆる「アベノセイダーズ」ばかりだけど、安倍さんがやって良かったところも言わないとフェアじゃないっていう話。国民はちゃんと見てるよ。

政治家を好き嫌いで評価してはいけない

ぶっちゃけね、安倍さんも完璧な総理ではないですからね。政策のミスもたくさんあるし、失言で辞任した大臣の任命責任なんかもあるだろうから、「あかんとこはあかん」と言わないといけません。

でも外交では頑張ってて、大きな成果を上げてます。アメリカのトランプ、ロシアのプーチン、中国の習近平と、なんであれだけタイマンで話ができるのかって言ったら、やっぱりそれなりの力や人間性があるからなんですよ。ウワサじゃ「人たらし」だって聞きますからね、安倍さんって。もちろんいい意味でね。

一方で安倍さんを嫌いな人がいるのも事実。独裁者みたいだってね。でも政治家だから、好き嫌いじゃなくて、**どういう政策を実行しているのかを評価しないといけません。**文句を言う人は数年前と比べたらよろしいやん。比較対象がアレだけど、ボクは評価してますけどね。特に外交は。

そんな安倍さんでも手を焼いてるのが韓国ですね。もうメチャクチャだから。

その韓国、今すごく北朝鮮寄りになっています。文在寅《ムンジェイン》大統領が北朝鮮からの避難民の息子というのもあるし、2018年版の韓国の『国防白書』では、日本との関係について、「自由民主主義と市場経済の基本価値を共有している」という過去の白書にあった文言を削除してね。「もう日本とは価値観を共有できません」て言うてるようなもんでしょう。もしも南北朝鮮が統一されたなら、今の政権下のままだと絶対に北朝鮮寄りの思想になっていきますよ。

でも、韓国の中でも民主主義を支持している人もたくさんいるわけじゃないですか。その人ら100万人ぐらいあふれるらしいですよ。

そうしたら、その100万人がどこに行くかっていったら、日本ですよ。アメリカは「済州島《チェジュとう》にその100万人を移させる」と提案をしたなんて話を聞いてビックリしましたけど。

それはともかく、日韓関係がこれだけこじれてしまっては、これからどう付き合っていったらいいのか糸口が掴めませんね。

なんで韓国がレーダー照射を認めずにあれだけ問題をこじらせたかというと、やっぱり現場で相当不都合なことをやってたんでしょう。

問題発覚後に、菅義偉《すがよしひで》官房長官がテレビのインタビューで、「韓国が譲歩する可能性があるか」という司会者の質問に対して、「譲歩ではなく、どの国でも守らなければならない約束であり、国際法の大原則」ときっぱり話したのはいいこと。

次の総理は菅さんかな？　気軽に「令和おじさん」なんて呼べへんがな（笑）。

探索レーダーと火器管制レーダーは全然違う

去年の12月20日に起こった韓国海軍のレーダー照射問題ですけど、ボク、専門家の方から直接いろいろと詳細を聞きました。

韓国海軍が照射した火器管制レーダーっていうのは、他のレーダーとはまったく質が違うから、やられたほうはもうすぐにわかるそうです。絶対的な確信もあるそうです。

実際、韓国の海軍はたぶん早く認めてしまえばよかったとは思ってるはずです。最初のうちは、せっかく日本政府がある程度、穏便に済まそうとしていたんだから。でもその後の対応を見ていたら、文在寅政権がいかに北朝鮮寄りなのかっていうことがわかってきましたね。

そもそも、なんであそこに北朝鮮船籍がいたんでしょう？　日本の排他的経済水域

（EEZ）で何をしてたんでしょうか？

たぶん韓国政府が一番ドキドキしてると思うんですよ。北朝鮮籍の船……燃料切れだったと思うんですね。人道的な措置かもしれないけど、経済制裁をしているのに燃料を与えたら、アメリカは黙っていないじゃないですか。

レーダーがどうしたっていうのは、全部アメリカはわかっているはずです。アメリカとしてはお互いが同盟国だから「お前らでなんとかせえ」って言うけども、あまりにも韓国がひどかったら見限られますよ。まぁ実際、最近はトランプにずいぶん冷たくされてますけどね。4月には「米韓首脳会談は2分だった」なんて報道もありました。

専門家いわく、本当に遭難船救助だったんなら、韓国の言うとおり探索レーダーを運用するのは当たり前だし、韓国の警備救難艦がいればいいだけのことでね。でも、なんでそこに駆逐艦も一緒にいて、いきなり火器管制レーダーを照射したのか？　さらに気になるのは、軍艦に国籍旗・軍艦旗を掲示していなかったこと。

あそこはEEZだから、魚を採ったり資源を取ったりしない限り、韓国でも北朝鮮でも通行するのは自由。でも、もし遭難船がいて救助する時は、日本と韓国の中では「お互いで連携して救難救助をしましょう」という約束事があるのに、なんで韓国は日本政府には何も言わないで自分らだけでやっていたのか？

そう考えると、日本の哨戒機が来た時に火器管制レーダーを当てたのは、もう暗黙のうちに**「こっちは違法なことをやっとるんやから、日本はあっち行け！」**ということしか考えられないんです。

映像で見ると、レーダー照射の音がずっと出てたでしょ。もし普通の探索レーダーだったら、灯台のライトが回転して360度照らすように、レーダーが何か物に当たった時だけ「プーン、プーン」って音が鳴ります。

でも、韓国海軍はずっと追い掛けて照射してるから、音もずっと「ビーッ」て鳴ってたわけです。あれ、自衛官ならもう誰でもわかるし、専門家にしたら韓国の言い分はお笑いグサなんですよね。

そこはコメンテーターの人もちゃんと言って白黒をつけたいんだろうけど、なんか日本にいる在日の方にヘイトがないようにとか気を遣っている気がします。

でも、そうじゃないねん!!　そもそも日本の自衛官が殺されかけとんのやで。そこはちゃんと考えて、厳しく対処していかないといけませんって。

レーダー照射問題を風化させてはいけない

だいたいね、排他的経済水域にいた北朝鮮籍の乗組員はどうなったんでしょうか？続報が何もないじゃないですか。漁船っていうけど、アンテナみたいなものも立ってたし、ある専門家の意見によると、あんな漁船ないらしいんですよね。

そういう状況証拠を積み重ねて見立てていくと、北朝鮮のそこそこ上層部の人が脱北してたんじゃないか……というのもひとつの推測になります。

「北朝鮮から直接、韓国には行かれへんから、遭難船のふりをして渡ってくれ。ほんで、文在寅政権の政府をコントロールするんや」

なんて、金正恩から使命を与えられた人物が乗ってたかも……まぁこれも推測ですけどね。本当なら映画みたいでおもろいな（笑）。

現場では、北朝鮮籍の船はゆっくり動いていたらしいんですよね。それなのに、韓国軍はまるで逃げさせないように、その両サイドにゴムボート、後ろに海洋警察、前をふさぐように軍艦……こんな形で救助なんてするわけがありません。これは完璧に拿捕《だほ》のやり方です。

そんな見方をしたら、海上で船荷を積み替える「瀬取り」ではないし、そもそもあの船では瀬取りなんかできないと思います。だから、何があったのか……やっぱり「密漁」っていう体《てい》での「脱北」が有力かな。あくまでもボク個人の推測だけど。

そもそも、あそこに同盟国の韓国の船がおる分にはまだいいけど、北朝鮮は完璧に国交ないからね。しかも、休戦中の国同士があそこで何こそこそやってんの。そもそも、なんで信号も出してないの？

ホントにツッコミどころがありすぎますわ。韓国は海がシケていて天候が悪かったたって言ってますけど、だったら自衛隊の哨戒機なんてビデオで撮れんがな。しかも、向こうの出してきた映像でも思いっきりなぎの海やんけ。ボク、サーフィンやっとるから、波のことは詳しいで（笑）。

韓国では「セウォル号沈没事件」から海洋警察は直に大統領の指示で動くようになっ

てるから、南北統一に近づけたいがために、文在寅さんが「日本は共通の敵だよ」と北朝鮮の顔色をうかがってるとしか見えないわけ。客観的に状況を鑑みるとね。

もし、これに反対意見があるんやったらぜひ反論してほしいなと思います。

これを「ヘイトだ」なんて言うのはおかしいでしょ。ボクは客観的な分析しか言ってないし、誰も傷つけてないでしょ。相手がアメリカでも同じことを言いますよ。

一方で、在日の人に矛先を向けて攻撃したり、個人を責めてる一部の人がおるようだけど、何度でも言うように、それは大間違い。**国家間の話し合いやねんから、個人を責めたって意味ないし、過去の同じ過ちを繰り返すだけやん。**

でも、こういうふうにちゃんと意見を言っただけで、相手側に「過去に日本がやってきたことはひどい、反省してへん。謝れ」とか過去を蒸し返されてしまっては、何にも前に進むことができません。

今回の件で、ある意味、モノを言う日本になりました。ここまで韓国に対して言ったのは初めてじゃないですか?

今まで事務次官レベルというか、内々で済ませてきたことって山のようにあったことでしょう。それはそれでいいんですよ、そこでモメる必要はなかったんでしょうから。でも、今回はまさに「ロックオン」やからね。みんな、もう忘れかけてるのかもしれませんけど、これ、日韓間の未解決の大問題ですよ。

レーダー照射問題に沈黙する人たち

例えば、韓国だったら野党も与党も「反日」というところでは一致してます。アメリカなら共和党も民主党も、「自国の国益追求」という点では同じ。

でも日本の場合、与党が国家のために動こうとすると「右派」だと叩かれ、野党は「日本は戦争を起こして周辺諸国に迷惑を掛けた悪い国」というスタンスの政党がズラリ。もちろんそうじゃない野党もあるけどね。

だから国家として、中韓に対しては弱腰なんですけど、それではいけないと思います。特に、韓国のこの火器管制レーダー照射に関しては、絶対に日本は折れたらあかんし、自衛官を守るためにもずっと言うていかなあかん。絶対に風化はさせないよ。

テレビでは、「艦長が反日だったので現場の判断でロックオンした」みたいな論調もありましたけども、そんなことはありません。さすがに本当に撃ってくるつもりはなかったとは思うけども、撃ってるに等しい行動やからね。

レーダー当てられたのはこっちのほうだから、こっち側は何を言っても構いません。自分の庭で隣人にいきなりナイフ突き付けられたようなもんだから。

そこまでするからには、なんかやましいことやってるやろっていうことなのに、そこは日本政府はもちろん、与党も野党も関係なく……**特に特定野党の方々はなぜ強く言わないのかと、ホンマに不思議ですわ。**

関心があるのは安倍さん叩きと自民党バッシング。18年末に厚生労働省による「毎月勤労統計」の不正問題が発覚すると、これまたギャーギャー騒ぎ出したけど、いやいや、あんたらが与党の時にすでに不正があったやないかい！　どの口が言うとんねん!!　もうこれはお得意のブーメランで、これまでに何発喰ろうとるねん！

繰り返すけど、ボクは安倍さん支持じゃないよ。ええとこはええ、悪いところは悪い。政府や自民党にもええ議員もおれば悪い議員もおる。いい政策も悪い政策もある。

だからこそ言います。韓国の火器管制レーダーのことに対しては、これはもう野党も与党も関係ありません。**国民の生命、財産を守るのが国会議員らの仕事なんだから、野党議員は何を黙ってくれてんねんって、ただそれだけですよ。**

国を守るのに与党も野党も関係ないし、政権与党はもっと言うことは言わんとあかんでしょ。

そういう意味で言えば、なんで日本はこんなに政党が多いのかなと思う。合流や離党も多いよね。メシが食いたいがための離合集散と政党づくりにしか見えません。政党助成金を受けるためだとしたら情けないわ〜。いったい何やってんねん!

自衛隊の人間の命に関わることなんで、与野党一丸となって今後の対応を考えていってもらいたいですね。

日本から「国交断交」を持ち出す必要はない

そもそも日本のEEZにいた韓国の駆逐艦、まず無線で問い掛けに応えないといけないですよ。無線が「聞き取りづらかった」なんて軍艦としてアウトでしょう。岩礁にぶつかっての沈没とか緊急事態が起きたらどうすんの？

海上自衛隊の哨戒機のほうもたぶん譲歩していたと思いますよ。いろんな段取りを踏んで、呼び掛けて。ほんで、レーダー照射されたから回避しましたもん。高度も保っていたし何も悪くない。

例えばこれ、もし日本が火器管制レーダーをロシアの飛行機に当てたと置き換えて考えてごらん。戦争ですよ。

中国に当ててごらん。戦争ですよ。韓国に当ててごらん。戦争になるかならへんかわかりませんけども、向こうは攻撃してくると思いますよ。でもそれは正当な自己防衛であって、日本は文句を言えないんです。

自己防衛といえば、日本には「専守防衛」という、なんや自分らだけしか堪え忍ばないといけない縛りがあるからね。こんなの世界で類を見ないわけ。

おっと、話を戻すけど、こっちに落ち度はないんだから、韓国には「なぜ？」って理由を説明してほしいって、ただただそれだけのこと。そんで、向こうが「ごめんなさい」って言えば、それで終わる問題でした。

ただ、もう絶対に謝らないでしょうね。落としどころっていったって、日本政府が制裁するとしてもその前に、向こうが徴用工問題とかで賠償責任があるって言うてくるから、日本企業が引いていくでしょう。

ボクはテレビのパネリストとして、一回も「国交断交」とは言ったことないんですけれども、周りからは「断交」という意見も強く出るようになりました。

でもボクは単純に「断交」したらいいとは思わないんですよね。何でも威勢良くすぐ切ってしまえというよりかは、こっちは慌てず騒がずじっくり様子をうかがって、意識させるほうが相手を怖がらせることもできるし注意もできます。

国交も何もなくなったら、韓国は日本とは国交のない北朝鮮との関係と一緒になるわけです。拉致の問題の解決も遠くなるだけだし、核の問題があっても話し合いの席にも着いてくれないってことになりかねません。

だから、断交という選択ではなく、関係は維持しながらもやっぱり言うことは言うべき。特に民間同士はケンカをする理由はないですからね。ただ、徴用工の判決で付き合うのが嫌になった企業もあることでしょうね。

いずれにしろ、一連の事件は絶対に日本のほうが正しいから、向こうから断交って言ってくるなら、そりゃもう仕方ないですよ。

外交では「やられっぱなし」が一番ダメ

民主党政権下の2010年、中国漁船が海上保安庁の巡視船に衝突するという「尖閣諸島中国漁船衝突事件」がありましたよね。どう考えたって相手が悪いのに、なんであの動画をすぐに出さなかったんでしょうか。

日本ってやっぱり国境が海に守られてるから平和ボケなんでしょうね。ロシアであろうがヨーロッパであろうが、陸続きやったらこんなもんすぐに紛争ですよ。いや、陸続きじゃなくても、〝鉄の女〟ことサッチャー首相の時にイギリスとアルゼンチンでフォークランド紛争がありましたよね。

日本は〝敗戦国〟だったから、これまでさんざん腑抜けにさせられていたっていうことも否めませんが、現政権は毅然とした対応をするようにはなったと思います。

ただ一部、ちょっとボクも懸念するところがあるのは、今までやったらやれへんかった強気な対応……武力行使まで行くかどうかわからんけど、少しポピュリズムに染まってきたので、有事につながるようなアクションを見せる危険性があること。現実にドンパチが始まって、血が流れるような事態は何としても避けてほしいと思います。

じゃあ、なんで有事の可能性が高まってきたかといったら、アメリカが「世界の警察」をやめて、自国第一主義になってきてるから。

その流れの中で、「自国は自分で守らんとあかん」と、日本政府もホンマに気付き出したってことかもしれませんね。

アメリカと日本は同盟国。アメリカと韓国も同盟国。日本は韓国とはアメリカを介しての友好国。極東アジアの平和を守るため、中国と北朝鮮、ロシアに対して韓国と一枚岩となってやっていかないといけないと思っていたから、レーダー照射に関しては、日本はある程度は穏便に済まそうとしてました。

それなのに韓国側はすぐに謝らなかったし、いやいや、それどころか「日本が悪い、謝れ」と来た。日本が国際世論を味方に付けてもっと強硬な姿勢で立ち向かったら、向こうは徴用工の賠償だ、慰安婦の補償だともっと騒ぎ立てることでしょう。

ボク個人としては、逆にもっと問題を大きくしたほうがいいと思ってるくらい。とにかく、やられっぱなしっていうのが、一番ダメだと思います。

領土を守る気がなかったら国会議員になるな！

民主党時代の中国漁船衝突事件では映像が流出して大騒ぎになったけど、あれを時の政府が隠そうとするのであれば、自衛官や海上保安庁の人間からしたら「日本という国は自分らを守ってくれないのか？」となるよね。「中国への配慮から非公開」って……**その前に自国の自衛官たちに配慮しや！**　せやから「あの政権は何をしてくれてん？」ていう話よ。

結局、中国の二枚舌外交に上手いこと乗っけられて、船長を処分保留で釈放したら、もうその次の日からごっつい数の船を尖閣に出航させてきて。そんな党が名前だけロンダリングして、当時の責任から逃れようとしているから、何やねんっていう話です。

要はね、「国を良くしよう」とか「人を幸せにしよう」というのが国会議員さんらのあるべき姿なのに、なんか「政治屋」みたいな職業になってますよね。

志も理想も何もなくて、「先生！」なんて言われて気持ち良くなって、それでご飯食べていこうっていう人が多々いてるんじゃないですか。国会議員の一番大事な仕事は自国の領土と国民の命、財産を守ること。それを忘れてる人、多いんちゃうか？　**領土を守るつもりがないんやったら、国会議員になったらあかんがな**。

本来なら、国民の命を守るのに与党も野党もないでしょ。「国民はそんなにアホじゃないよ」って言いたいです。国会議員になると、先生なんて呼ばれて給料も良くて、やめられないのかな？

え、ボクが選挙に出馬するかって？　いやいや、当選しいひんやろ……。いや、当選するしないやなく、政治家なんかやりたないわ！　人相が変わんねん、政治家になったら。何より面白さなくなんねん。それ、致命的やろ！

それに政治家はしんどいわ〜。「コイツわからへんな」と思ったら手が出そうなるもん。「やかましい！　こら、アホ」って。「お前、口ばっかり達者やな。人と本気でケンカしたこととか、人を守ったことあんのか！」ってね（笑）。

国会議員って、ある意味、聞き流さな務まらないし、鈍感でなかったらできませんよ。そんなん無理やで！　お笑いってお客さんの反応に敏感でなきゃいかんし。

ひとつひとつ真面目に向き合ってたら、すり減っちゃいますよね。ツイッターかなんかでの悪口も見たくもないし。審議中にヤジられたら、「お前らうるさいわ、出ていけ、アホ！」ってボクは言うやろね（笑）。

「『ヤジは国会の華』とかそんな知らんわ、アホ。とりあえず聞けや、オレが民意やぞ。オレがやってる間はちょっと黙ってくれ。そんでも文句あんなんやったら壇上に上がって来い！　横におれ、オレが何か言うたら、それに返せや」って。

……つい熱くなったけど、いやいや、ホンマに出馬とかないからね。

トランプ大統領との2ショットは最強の抑止力

ボクは仮にもニュース情報番組でパネリストをやっているので、何事に対しても初めから先入観とか偏見とかを持ってはいけないなと思っています。

そういう意味では、いろんなテレビ番組は見ていると書きました。政権寄りの人の話ばかりじゃなく、反対派の人が多く出てる番組とかも見て、バランスを取ってフラットな立場になるように心掛けています。多角的な視点も忘れてはいけません。

たしかに保守でもリベラルでも、与党でも野党でもいいことを言ってる人も中にはおるけど、ごっつい偏ってる人もおるしね。なんでかなと思うもんね。

国民のために予算がおかしな使われ方をしてないか、ちゃんとチェックをするんだったらいいんだけども、**そうじゃなくて単なる政権批判が多すぎる**。そんなことに何の意味もないし、国民のためにもなってないと思います。

安倍さんのことが嫌いなら嫌いでいいけども、安倍さんがやろうとしていることに対しては好き嫌いじゃなく、**政策としては何が良くてどこが悪いのかフェアに評価するべきじゃないの？**「嫌いだからダメ」じゃなく、「嫌いだけど、ここは評価する」っていうのがあるべき姿だと思うわ。

ほんでボク、野党を見て想像すんのよ。

「ここの党が政権取って、この人が総理？　この人、トランプやプーチンとどうやってしゃべりよんねん？」

そうすると、今の野党じゃ厳しいなって思ってしまいます。だいたいね、本気で政権を取る気がある政党なんてないでしょう？

例えば、アンケートなんかで安倍さんが総理にふさわしい理由を聞くと、「他に誰もいない」みたいな答えが一番になってます。そこで批判もされますけど、でも、それならほかに誰がいてますの？

やっぱり結果じゃないですか、議員の仕事って。その結果っていうのが国民の利益になるんだったらいいけども、ただ自分の名を残すための成果や選挙のための演出を作ろうとすんのはダメだと思いますよ。

今年の5月下旬、トランプ大統領が令和初の国賓《こくひん》として来日しましたよね。安倍首相がゴルフを設定して歓迎したことに「付き合っている相手から捨てられそうになって、捨てられたくないから媚《こ》び売っているという感じに見える」とか「本当にもてなしに意味があるのか」という批判もありました。

これなんて、典型的な無意味な批判やで。この人、たぶん何もわかってないんでしょうね。**ふたりが仲良くする、あの絵がすごい効果を生んでるんですよ。**ふたりで一緒にゴルフをやってる、一緒に食事をしてる、一緒に護衛艦「かが」に乗ってる……これが全部、世界へのメッセージ。つまり、**中国、ロシア、北朝鮮に対する抑止になるんです。**

ふたりがギクシャクしてたら、周辺諸国に付け込まれる材料を与えるだけ。安倍首相とトランプ大統領、ふたりの仲良さそうなツーショットが何十兆円分の防衛費に値するくらいの抑止力を生んでいるんです。

野党には批判ではなくいい政策を出してほしい

ちょうどこの本が出る7月に参議院選挙が予定されてますけど、ボクの見立てでは、今のままだと自民党と公明党……自公連立が勝つでしょう。

野党も頑張るところはいっぱいあるはずなのに、このままだと残念な結果になるでしょうね。結局、「反対のための反対」しかしてないから。

そうじゃなくて、「反対するけども、その代わりにこんな案があるんです。この案どうですか、与党自民党さん、これいいでしょう？　やってくださいよ。いい国にする協力はしますから」でいいのにね。

実際、自分らが与党の時には賛成してた政策が、野党になったとたん反対っておかしいでしょう。今回の統計不正問題でも一緒に取り組まないと。「すまん、民主党政権の時もそれがあったんかいな。ほんなら、そん時までさかのぼって、一緒に解決していきましょう」って言うたらいいのに。それだったらボク、評価するで！

ほかにもね、金融庁が「人生100歳時代、老後には2000万円が不足する」と発表したら、「まずはごめんなさいでしょう」「100年安心詐欺だ」って言うてた野党議員もいましたね。違うでしょ？　**自分たちも与党の時があったんだから、問題解決のために具体的な提案をすべきやないの？**

それを何？　全部、安倍政権のせいにして。ボクの「ミカタ」としては、「なんでおたくらの時はこの問題が出てこなかったんですか？　今、目くじら立てて追い込んでるみたいですけど責任はないんですか」ってなるよ。

民進党になろうが、立憲民主党になろうが国民民主党になろうが、民主党の体たらくは国民もなかなか忘れません。だって自己反省が見えないんやもん。

一方で、自民党にもダメな議員がいっぱいいるし、野党にもいい議員がいっぱいいますよ。でも、目指してるもんが一緒だったら、ロンダリングや分裂ばかりせず、我慢せえよ。**自己反省できへんヤツが他人さんを幸せになんかできひんがな！**

政策は同じようなもんなのに、国旗が嫌だ、国歌が嫌だとかで袂《たもと》を分かつって何やねん！　そのへんはもう理解できないわ。

何よりも大事なのは国民の命でしょうが。国民の財産でしょうが！

国を愛し、国旗・国歌を愛せないのは理解できません。

ゆるい〝独裁〟が国を動かすのはダメですか？

お笑い芸人が常にお客さんのことを考えなければいけないように、政治家っていうのは常に国民のこと考えなきゃいけないはずです。

政治家がどれだけ支持されるのかというと、それはやっぱり政策の良し悪しだと思います。お笑いでいうところの「ネタ」ですね。

政治家は票の集まりで評価してもらって、芸人は笑ってもらえたかどうかで評価してもらえます。政治家の場合だったら、「この人はよう動いた。ようやった！」って有権者に納得してもらえたかどうかですよ。

ただ、申し訳ないけど、政治家ひとりで世の中を変えられるかっていったら、そうではありません。みんなは「この人が総理やったから、世の中が変わったわ」って言うかもわかりませんが、「いやいや、周りに協力者、実行者がどれだけおんねん」って思います。でも、それを束ねた総理とかその時の指導者が、いろんな人らの意見に耳を貸して、その人らの気持ちになって、悩んで動いたわけです。

「悩まな、人動かされへんから」——本田宗一郎さんの言葉ですわ。いや、本当はこんな大阪弁じゃなかったと思いますけどね（笑）。

ボクね、本田宗一郎さん、大好きなんです。理想のリーダーですよ。

ホンダは、本田宗一郎さんが立ち上げたオーナー会社。一国にたとえるなら、はっきり言って独裁国家ですよ。あんな自転車にエンジン付けただけのような原チャリからスタートして、世界的なメーカーに成長するまでのスピードは、本田さんが独裁者やったからこそできたものだと思います。

まだ四輪車を発売してもいないオートバイメーカーにもかかわらず、「世界最高峰のF-1に参戦していこうやないか。そして未来は飛行機や！」って、トップダウンで大きな目標を掲げ、社員を動かしました。だから、F-1では80～90年代に世界一に6年連続で輝き、航空機も国産化に向けて今まさにすごい動きになってるじゃないですか。

ああいう人がおることで会社が理想を追求できるのだったら、いいリーダーがおれば国でもできるのじゃないかなと思うんですよ。

だから、民主主義という枠組みでの独裁……「強いリーダー」という言い方のほうがいいかな。とにかく**トップダウンで国を動かせるような「民主主義の中の本田宗一郎」っていう感じの人が出てこないかなと期待してます。**

つまり、あくまでも民主主義ではあるんですけど、ある程度強引なこともしなければ国を動かすのは難しいので、ゆる〜い独裁国家がいいなと個人的には思っています。

日本政府には長期視点を持ってほしい

「独裁」と言うたら、誰もがヒトラーみたいな感じをイメージするかもしれませんが、そうではなくて、リーダーシップの強い野球の監督みたいな感じね。

プロ野球チームでもサッカーチームでも、リーダーシップが強くて、しっかりしたヴィジョンを持った実行力のある監督がいれば強いじゃないですか。ある意味、監督の独裁だからペナントレースを戦えるのではないでしょうか。

プロ野球チームなのに、民主主義でスタメンとか決めてたら勝てないやろ（笑）。いちいち多数決で先発投手やら代打やら決めるチームなんて優勝できっこありませんって。そもそも監督がいる意味ないですやん！

選手個々の不満を聞いてたとしても、決めるのはすべて監督。その代わり、ごっつう責任もありますけどね。

やっぱり本田宗一郎さんみたいな強いリーダーがおってね、藤沢武夫さんみたいな専務がおって、「営業、経営の面は私がやるから、本田さんはエンジンだけつくっとってくれ」という感じでポジショニングを明確にして国家を運営していったら、すごいいい国になっていくと思うんですよ。

どういうことかっていったら、本田さんが与党で、営業は野党になればいいとボクは考えています。

「もっと売りたいねんけど、エンジンいまいちやぞ」と、与党に文句言うのが野党。で、「この予算でエンジン開発すんのも大変やから、もっと営業利益を増やしてくれや」とか、野党に文句言うのが与党。そんで、「お前、エンジン開発あかんからオレらがやるわ。ほんなら今度はお前らが営業しろや」っていうのが政権交代。そういう感じが理想的な二大政党制じゃないんでしょうか。勤務先はどっちも日本国。それで国会が一枚岩になればすごくいいと思いませんか?

ボクが一番いけないなと思うのが、政権を取ったら自分らの色を出そうとするために、目指していたものや理想が変わること。前の政権との違いをアピールしたい気持ちはよくはわかりますが、政権与党が変わろうと、国として目指しているものはフラフラ変えてはいけません。

そういうことをやらない、つまりブレることがないのが、共産国家・中国の強みです。「２０４０年には太平洋はわが領海に！」と、鄧小平《とうしょうへい》時代に立てた１００年計画をブレずに着々と進めてるじゃないですか。

中国のそうした動きは、平和という観点から見たら絶対にいけないことですけど、何事も長期的な展望を持って動くという点は日本政府も見習ってくれたらなと思います。

もちろん平和が大前提ですけどね。

北朝鮮の金《キム》体制とか中国共産党がいいとは絶対に言わないけれど、トップダウンと決定の早さだけは見習うべきです。

そうそう。でもね、こういうことテレビなんかで言うと、ネットでは部分部分切り取られちゃって、「ほんこん独裁支持」、「ナチスを礼賛《らいさん》したほんこん」みたいに書かれるわけよ。そんなこと、ひとことも言ってないでしょ。そやから人の話はちゃんと聞けよと言いたいですわ。

「お金を稼ぐよりは時間を稼げ」という言葉の意味

ボクが言ってることは、別に右でも左でもないでしょ。素晴らしい会社をモデルにたとえたらわかったでしょ。それはトヨタでもいいんです。

最初の立ち上げの時の会社ってみんなそうじゃないですか。いちいち社員みんなにお伺いを立てずに、社会の役に立ちながら儲けも出そうと、ひとりのアイデアマンが強いリーダーシップを発揮して会社を成功に導いていくわけです。

ソフトバンクの孫正義さんもそう。ＺＯＺＯＴＯＷＮの前澤友作さんもそうだったと思います。大したもんやと思いますよ、一代で富を築くって。

そこで、金持ちをひがんで、「金は汚い、金持ちは汚い」なんて言ったらいけません。だって、ボクらみんなお金が欲しいのは本音でしょ。ああいう人たちになりたいわけですよ。だから、お金を追いかけることは何も悪いことではありません。お金自体は何も汚れは付いていないんです。

どう稼ぐか、そしてどう使うかってことが問題ですけどね。だって、「これ、服買うのに便利や！」って思って、それを利用して恩恵を受ける人らがその対価としてZOZOTOWNに手数料を払ってるんでしょ。何も悪いことはありません。

そやけど……あんなに儲けたらあかんわ（笑）。でも、素晴らしいな。自分に置き換えたら……ウフフやで、もう！

あかんあかん、アイドルと月旅行すんの、ちょっと妄想してまったわ（笑）！

本田宗一郎さんの話に戻るけど、ホンマに名言とか素晴らしい行動がいっぱいあるんですよ。

皇居で勲一等《くんいっとう》瑞宝章《ずいほうしょう》をもらう式に出る時、「技術者の正装とは真っ白なツナギや」と言ってツナギ姿で出席しようとしたとか、「車をつくってる人間が大々的な葬儀をやって大渋滞起こしたらどないすんねん！　皆さんに迷惑かかるやろ」って遺言して社葬を行わせなかったり、ホンマすごい人ですよ。

「お金を稼ぐよりは時間を稼げ」って言葉もええな。

「失敗もせず問題を解決した人と、十回失敗した人の時間が同じなら、十回失敗した人を取る。同じ時間なら、失敗したほうが苦しんでいる。それが知らずして根性になり、人生の飛躍の土台になる」

いや～素晴らしい言葉やな。ほかにも名言、いっぱいありますよ。

ボクらの正装は舞台衣装。だから、ボクが皇居で表彰される時は新喜劇のウドン屋のオヤジの格好で行きますよ！

ライブに失敗はつきもの……でもそれがいい！

ボクは何か失敗しても、本田宗一郎さんの言葉に支えられて何とかやってます。

ただ、お笑いって失敗やアクシデントが起こっても、それを強みに変えられることもあるんです。失敗を失敗と違うようにも見せられるし、失敗をそのまま失敗で笑いに変えられますから。これはボクの考えですけどね。

やっぱり稽古はウソをつかないと思います。それをしっかりやってるからこそ、何か失敗があっても対応できるんですよ。

基本的にセリフをちゃんと全部覚えていたなら、セリフが飛んで、もうそのセリフが出てこなかったとしても次のセリフが出てくるから、倒置法を使ったりもできるし。だから失敗っていうのは、「失敗した」と思った時に失敗になるんでしょうね。

例えば、ギャグがスベったとしたら、ボクとしたら「普段はスベらへんのに、スベった場面も見れたんですよ！　だから舞台って面白いでしょ」って思うわけです。

ボクらの話じゃないですけど、演劇で長いことやる舞台があるじゃないですか。演劇が好きな人、通《つう》の人って初日と中日、そして千秋楽と、同じ公演やのに3回見たりとかしますよね。リピーターが多くて満席とか珍しくないですから。まぁ好きな俳優さんを何度も見たいということもあるでしょうけど、やっぱりライブは生き物ですからね、毎日違うんですよ。

初日は固くて緊張感もあり、中日《なかび》はちょっと余裕が出てきて、そして千秋楽はもっと肩の力が抜けてアドリブがあるとか、生きてる人間のやってることだから、その都度その都度違うんですよね。それがライブ、舞台の魅力だったりもします。

テレビの生放送なんかも、オンエアが終わったあとに、「もっとああ言っときゃよかった、こう言っときゃもっとパンチ利いたのにな」とかってこともありますけど、もうそこに戻りたくても戻れないし、戻っても仕方がないですからね。だったら、次に切り替えないと前に進みません。そこを引きずるってことはないですね。

ただ番組中に、「うわ、さっきのちょっと言葉足らずやったな」って思う時はありますよ。それで、「さっきのことにちょっと戻るんですけども、いいかな？　あそこの部分、やっぱりこうこうこうやから」って付け加えたりする時もあります。

番組によっては政治的な話を扱っているので、間違ったメッセージとして伝わるのも嫌だから、できるだけのことはやります。「ま、いっか」とはなりません。

お笑いの場合は、失敗だらけというか、後悔だらけというか、納得することが100%はないですよ。「あそこでツッコまな！」「あん時の間が長すぎや！」とか。

ただひとつ言えるのは、**「今日のオレは昨日のオレよりかはおもろいで！」**ってこと。だから毎回毎回反省もあるし、満足もできないことで、それが成長につながっていくわけです。今日ウケなくても、「明日のオレは今日のオレよりはおもろいで！」って思わなければやっていかれないっていうのもあるけどね（笑）。

政治の世界は結果がすべてだけど、失敗を糧《かて》にすることも大事ちゃうん？

政治家を「オイシイ仕事」なんかにしたらあかん

もしボクが政治家になんのやったら――いや、絶対にならへんで。〝もし〟の話やからね。もしなるのやったら、国会議員の給料、今みたいに一定にしないで、歩合給にせいと言いたいね。やったらやった分だけ給料もらえるっていう。

いや、そりゃ難しいですよ、計算方式とか。だけど、あまりに国会議員のお金の管理がひどすぎるでしょ！　ボクらの血税やのに何だと思ってるんでしょ。

政治資金規正法もザル法だし、違反しても、「すんまへん、気付きませんでした。修正しました」って言えば終わりなんて、おかしいでしょ！

だって、国民は納税する時、領収書を全部集めてやってるんですよ、確定申告で。だったら国会議員もしっかりやってよ！　なんでやれへんねん。必要経費は「これは通信費、これは交通費」と、全部領収書を渡して清算すればいいだけでしょ。

自腹で使った分は税金から還付してもらうために、その用途を明らかにするだけでいいと思います。それだけでもだいぶ変わりますよ。

それで、その額を明らかにすれば、国民は「お、この人、だいぶ働いてるわ」みたいに、その政治家の評価もしやすくなるはずです。

だって、よその国はそうでしょう。職業としての「政治屋」じゃなく、もっと国民のためにという「ボランティア」の気持ちも忘れずにやってほしいものです。政治家を「オイシイ仕事」なんかにしたらいけませんよ。

そういう意味では、**国民が政治家を育てなあかんと思うんやけどね。**

お笑いでも、お客さんがボクらを育てるというのもあるし、逆にボクらがお客さんを育てるっていうこともありますから。「こんな新しい笑いを仕掛けていってますよ」っていうね。

一方通行やったら絶対無理！　しんどなるから。今は選挙で当選したらそれっきりで、双方向での刺激がないのはいけないと思います。

だから、ただ陳情とかお願いだけじゃなくて、「あんた、ちゃんとやってんの？」っていうチェックをしないといけないですね。これは一般人にはなかなかできないから、何かチェック機関みたいのがちゃんとあればいいと思います。

身内からの叱咤激励で人は変わることができる

企業でも何でも、お笑いでさえも「コンプライアンスが……」って言う時代になりましたから、企業で内部告発をする人っていうのが実は一番会社のことを思っているんじゃないでしょうか。内部告発や上司にモノが言えない土壌の会社なんて絶対に伸びないし、他社と切磋琢磨していくことだって難しいはずです。

政治の世界においても、党がきちんとお金の流れとかを管理して、「お前、こんなクラブ遊びばっかりしてないで、もっと勉強してええ政策をつくっていかなあかんのんちゃうんかい！」っていうカツを入れるような仕組みにできないもんでしょうか。**そもそも身内が一番厳しくないとダメでしょ**。そういう意味では、タレントとマネージャーの関係とも似てるかもしれません。

ボクがまだ駆け出しの頃、売れてるタレントって力があるんだろうなと思っていたら、裏でマネージャーに「お前、あそこでなんであんな言い方すんのや！　あんなんしたらファンの人がガッカリするやろ。こういう言い方しなさい」とか、ちゃんと教えてもらっていたり、叱ってもらっていたりしている光景を見ました。そういうふうな関係を持つのが理想です。

正直言って、ボクだってマネージャーにいろいろ言われてムッとすること、ありますよ。ただね、自分が「これ嫌やな、苦手やな、ここは直さなあかんな」と思っていたのを、「ほんこんさん、あそこはあんな感じじゃあかんと思うんですよ」って指摘された時は、「ああ、隠し切れてないねんな。見てるヤツは見てるから、ごまかしちゃあかん」と身につまされるわけですよ。

こういうことで人は変わるんです。

今はマネージャーも年下が多いから、叱られるっていうことはないですけど、「オレ、こんな仕事のほうがええわ」って言ったりすると、「なるほど、いいですね。でも、ほんこんさんはこんな感じの仕事も合うと思うんですけど」ってアドバイスをくれたり、自分では気付かなかったところを引き出してくれることもあります。

お客さんが育ててくれる。

マネージャーが気づかせてくれる。

これからも人の意見に耳を傾けながら、劇場の舞台も、バラエティ番組も、そして
『正義のミカタ』も頑張っていきまっせ！
国会議員の先生たちも、心を入れ替えてくれや！

第三章　日本の外交、これでいいんかい？

――綺麗事では領土問題は解決しない

ポピュリズムの極致に陥っている韓国

ボクは「他の情報番組もよく見ます」と書きました。毎晩やっているニュースも、日曜の午前にやっている報道番組もね。ボクとは考え方が違う人がたくさん出てますけど、別にイライラすることもなく、勉強させてもらってます。

ただ、「あー、この人って、批判ばっかりで対案言うてないな。この人の下ではええ部下、育たんなー」とかいう視点では見てますよ。

2年くらい前ですけど、ある女性コメンテーターがテレビ番組で「北朝鮮とアメリカの緊張が高まれば、日本人が在日朝鮮人・韓国人を襲撃する」なんて大阪弁でまくし立てていたことがありました。

え、日本人が在日の人を攻撃する？　一気にそこまで飛躍する？

逆に、「キミの中にそんな差別意識あんの？」って思ってしまいました。**日本人に対する逆差別やで、そんなん。**ボクの在日の友達も「あの発言はあかん」って言うてたわ。

だいたい、この日本って国はそんな過激じゃないなと思います。だって、韓国の人たちはすぐ小泉純一郎さんとか安倍さんとか日本の総理の写真を燃やすじゃないですか。ことあるごとに日本やアメリカの国旗を燃やして、踏みつけて。

ボクね、そのコメンテーターや韓国の立場を代弁してる論客たちに、それを見てどう思ってるのか聞きたいですわ。あれは日本へのヘイトにならへんの?

逆に、日本で文在寅の写真にペケ書いて練り歩いたら、完全にヘイトって言われるでしょ。だからその人らは二枚舌やねん。**ただ単に日本を貶めたいだけ**。

あえて言うけども、1965年に日韓請求権協定を結んだ時は、韓国はまだ民主主義じゃなくて、たしかに軍事独裁政権下だったのかもしれません。でも、今だってあんなに過激なんだから、民主主義とは言えないんじゃないでしょうか。国家間の条約を無視するぐらいだから、1965年当時と何も変わってませんよ。

ただ、韓国の場合、大統領が強い独裁政権じゃなくて、今は国民の声が強いポピュリズムの極致になっています。だって、ソウルの日本大使館前に慰安婦の銅像が設置されてるのを黙認してますけど、あれ、外国大使館の安寧《あんねい》を守るという「ウィーン条約」の第22条第2項に反してるじゃないですか。それやのになんで今も建ってるねん!

韓国は「民間が自発的に設置したもので、政府があれこれ言える事項ではない」ってことで何もしないけど、国際法に違反してるんだから問題でしょうが。

市民がやってるから国家が動いたらダメだなんて、もう舌が二枚どころか三枚もある感じ。ウソつきっちゅうか、もう自分の都合のいいような解釈ばかりで、まともに付き合っていたら疲れますわ。

反日姿勢を明確にしないと支持率は上がらない

辞めた大統領、代わった大統領、次から次へと犯罪で捕まっていくっていうのも韓国の国民性——ポピュリズムの極みだなと思います。

韓国の大統領の任期は1期5年こっきり。だから、文在寅政権はあと3年ぐらい。3年後、遅くともその数年後に、韓国に肩入れしている日本の論客を集めて、「ほ～らまた捕まったやないか。キミら、もう仕事すんな！」と言いたいですね。

でも……あと3年も持つんかな？　めちゃめちゃ韓国は景気が悪いし、大卒の就職率も厳しい。外交も孤立気味になってるから、何かちょっとしたことで国民の不満が一気に爆発して、現政権が潰される可能性もあるんじゃないですかね。

ボクはある意味、今の韓国は資本主義と民主主義、社会主義と共産主義のせめぎ合いだと思いますよ。文大統領は社会主義、共産主義が好きなんでしょう。言動を冷静に見極めてるとね。だってそっち側に行こうとしてるもん。

国というのは、指導者と教育さえしっかりしていればそこそこまともな人間が育つとボクは思っています。

例えば、韓国と台湾を比べましょうよ。両方とも日本に統治されてましたよね。ボクはその時代には生きてないけども、その時代にさかのぼって歴史の勉強をしたら、台湾には感謝してくれている人もたくさんいるし、韓国も統治されてる時は治安が安定していて良かったっていう話もありますから。

日本が外国を統治したことを正当化するつもりは一切ないけども、いい面もあったことは事実だと思う。いいことはいい、悪いことは悪いでええんちゃうん?

その昔、豊臣秀吉の朝鮮出兵の時、佐賀の鍋島藩の藩祖が朝鮮から多くの職人さんを連れて帰ってきたということがありました。で、腕がいいから焼きものをやってもらったら、伊万里《いまり》焼とかになったんですね。文化的にすごく大きな貢献です。

そして、豊臣秀吉が亡くなった後に、「もうお前ら帰ってもええで」って言ったら、「向こうでは粗末な扱いをされてたから帰りたない」と言ったらしいんですよ。日韓の歴史の中ではそういうこともあったのに、そんなことは韓国では教えないでしょ。

１９６５年の協定締結後も、独裁政権が自分らで勝手にインフラとかに使って、国民の補償に回しませんでした。その後の韓国の経済復興っていうのは、日本からの恩恵を受けている面もあるっていう説明をちゃんとしてきませんでした。

嘘の上に嘘の歴史を重ねてきたから、前職の大統領の罪を作ることも簡単でしょ。そんで、前大統領の吊るし上げと反日姿勢を取ることによって時の政権は支持率を上げて、生き延びようとするっていうことの繰り返しです。

国民が強すぎるから、本当は反日じゃなくても反日にならないと人気が出ない。大統領就任時にはたいてい「日本とは未来志向で付き合いたい」なんて言いますけど、支持率が落ちると必ず反日になるもんね。まさに世論迎合型政治の極みです。

ただね、大統領は国民に選ばれたかもわかりませんけども、間違っていることに対しては「いや、その考えは違いますよ」って国民に教えたり、正しい方向に導いていくのが本当の指導者じゃないですかね……でも、できひんか、そんなこと。

教師が自分の思想を生徒に押し付けることは許されない

朴槿恵前大統領が失脚する時もあっという間でしたもんね。大統領府の前にロウソクを持った人が何万人も集まって。

みんなが同じ方向を向いた時の爆発力、感情のあふれ方ってすごいものがありました。それでも成り立ってやっていけるっていうのは何でしょうね。

かといって、「韓国の教科書に書いてある反日の教えを直せ」、「客観的に正しい歴史を教えろ」って、日本から言うのは無理があります。

じゃあこのまま100年先、200年先も一緒やでってことになると……もうきつい言い方かもわかりませんけども、何かホンマに経済制裁みたいなことをしないと、歴史って変わらないでしょうね。そもそも「1000年恨みは忘れない」って向こうから言われちゃってるし。だったら自分らは元寇のこと、覚えてるの？

まぁ、日韓請求権協定で日本が無償3億ドル、有償2億ドルを韓国に供与したことから「漢江の奇跡」という経済発展が実現したのは事実。別に恩義を感じてもらわんでもええけども、**事実だけは伝えたらええんちゃうのと思いますけどね。**

でも、韓国のことはともかく、じゃあ日本の教育は正しいのかというと、これがまた、そうとは言えない。「日本は悪い国やったから周辺諸国を攻めて迷惑を掛けた」って自虐史観がベースでしたからね、我が国の戦後教育は。

特に日教組が強かった時期、「君が代」「日の丸」、全否定やがな。戦争で周辺諸国に迷惑を掛けたのは事実だとしても、なんでそういう思想になるんでしょうか？　まったく別の話ちゃうん？

自由やねんけどね、どういう思想を持とうが、この国では。でも、嫌ならこの国から出ていったらええがなっていう話でしょ。申し訳ないけど。

あとな、**先生たちが頭の中でどう思おうがかまへんけど、それを子どもたちに植え付**

けたら絶対にあかんがな!

フラットな教育をした中で、子どもたち自身がどう判断するのかが大事であって、自分らの考えを押し付けちゃダメだと思います。

一応言っておきますけど、**ほとんどの先生たちは本当に頑張ってくださっていると思いますよ。**昔よりもやらないといけないこと、やってはいけないことが増えてきた中で、本当に熱心です。ボクは感謝も尊敬しています。

でもね、一部の人の政治的な活動が頑張っている先生方の足も引っ張っているってことをよう考えてほしいですわ。

領土問題について野党議員に聞いてみたい

アメリカの場合、二大政党の民主、共和でバランスが取れています。では日本はどうですか? どの党が自民党に対して戦っていけるの? まぁ自民党も公明党と組んでるから一党じゃないですけれども。

ホンマは自民と野党で戦っていたらいいと思います。それが理想ですよ。でも、今は戦ってないでしょ。野党は遠くからキャンキャン吠えてるだけじゃないですか。政策で切磋琢磨しているならいいんですけど、「反対のために反対」「反安倍」をしているだけで、まったく建設的ではありません。

で、どっかの野党に属している議員が、その党の中で「意見が合わない」とかで内輪モメもあるけど、その中で意見を集約できない党が国を導いていけますか？　たった数十人の組織でしょ？　仲間の議員も説得できない人間が総理大臣になれますか？　説得できないから、何度も分裂するしかないんでしょ。

だから、野党は与党の足を引っ張ったり揚げ足を取ってる場合じゃなくて、「ウチだったらこうしますよ！」みたいな対案をもっと見せていかないといけません。

対案をしっかり見せてくれたら、ボクはその対案、真剣に吟味するし、与党の意見より正しかったら支持しますよ。社会保障をどう立て直すか教えてください。

なのに、肝心要《かなめ》の今回のレーダー照射問題とかに対して野党は事実上、ダンマリを決めたまま。せいぜい小手先のアクションしか起こしません。

「これは政治問題化をせず、実務的に粛々と事実関係を明らかにしていけば、いま我々が承知している範囲では、明らかに我がほうに理があると思っている」っていう、ある党首のコメントはなんやねん! **「理がある」のが明らかなんだったら、ちゃんと行動せいや!** いや〜、ホンマにそこの党にあげる税金はカットやで。国民の命を守るために働いてないやん。

国会でも、自分らの意見が通らなかったら、「そっちが多数決で決めるのやったらオレら行けへん! 強行採決なんてひどい!」とか言いはるし。大問題ちゃいます? そやから、細かいところばかり見ないで、大局を見て動かないといけないと思います。たしかに消費税増税問題とか国内のことも大事ですけど、それよりか国民の命が危機にさらされているんですよ。野党だって足並みを揃えて中国や韓国や北朝鮮に抗議に行けばいいのに、なんでみんなで行かないんですかね?

実際、行ってませんよね。ゴールデンウィークに無届けでアメリカ旅行に行く議員はおるのに(笑)。「なんでモメてる隣国に行かへんの?」って野党の議員ひとりずつに聞きたいですわ。そして、「尖閣《せんかく》には中国がちょっかいを出してきて、竹島は韓国が実効支配してるのはどう思ってますの？」って聞いてみたい。「絶対に拉致被害者を取り返してください」って言いたい。まさか「竹島は韓国の領土、欲しいならあげちゃう」なんて言わないだろうね。

領土問題は綺麗事では解決しない

野党ってなぜか領土問題になったら口数が少なくなるでしょ？　北方領土のことに関してもね。なんやろうね……言葉は悪いけど、そこが気持ち悪いんですよ。

北方領土に関しては、与党との違いを出すために、いっそのこと「もういらんよ」って言ってもいいんですよ。その代わり、**「経済的に何も援助しませんし、北海道に米軍基地を造りまっせ」ってロシアに言えばいい**。それも立派な対案ですよ。

その上で、「こういう歴史の中でロシアは日本の領土を奪ったんですよ」というのを、もっとアピールしたらいいんちゃいます？　国際世論に訴えるくらいしないと。

いやいやホンマ、北方四島ビザなし訪問団の団長さんに酒飲んで絡んでる場合ちゃうわ! 本当にもってのほかやね、例の議員は。この本が出る頃にはあの国会議員、辞めてるかな。いや、絶対に辞めてないやろうな。

ただね、彼の「領土問題が動くのは有事、つまり戦争しかない」という認識だけは歴史を振り返ると事実かもしれない。

だからといって、相手の国がゴタゴタしてる時に攻め込もう、戦争をして領土を取り戻そうと短絡的に考えるのはあり得ないし、国会議員としては知恵が足りなすぎ! 武力を用いないで平和的に国内外の諸問題を解決するために議員として選ばれてるんでしょ。ホンマしょうもないわ。

実際のところ、二島返還なら戦争をしないでも経済協力をすれば返してくれるかもしれないという議論になっているので、強硬に四島返還を主張してる議員は、戦争しかないという結論になるんでしょうね。

ロシアのメドヴェージェフ首相は、大統領時代に「領土を取り戻したければ戦争しろ」という旨の発言をしています。そして、その後の2014年、ロシアは武力を背景に実際にウクライナからクリミア半島を奪いました。今回の発言と一緒に、こういう事実も報道しなければダメ。ただの失言として独り歩きさせたらダメなんです。

あの議員の言ったことはアウトなんですよ。アウトなんですけど、**ロシアが日本に対して行ってきた歴史的事実を日本人は知っておかなければいけません**。

ただね、彼が所属していた党の代表と幹事長が、ロシア大使館に謝りにいったでしょ。あれは絶対ダメ！ だって、世界常識として、謝罪という行為によって「北方領土はロシアの主権が及ぶ領土だ」って認めたという信号を発してるようなもの。日本の領土だと考えているなら、まさに強盗に謝りにいくみたいなもんですよ。

「ロシア人がすでに住んでるから仲良く一緒に住んだらいい」なんて言うコメンテーターもいましたけど、領土ってそういうものじゃありません。

「じゃあ、あんたんとこの家、一軒家なら庭先、マンションだったら3LDKの一部屋に知らない人を住まわせることができるのか？」って聞きたいわ。「長いこと住んでいるからもうええで」ってなるか？

テレビに出て発言をするなら、そのあたりはホンマに意識高めて勉強して、ちゃんとしゃべってほしいなと思います。政治は綺麗事では動かへんよ。

北方領土は二島返還か、四島返還か?

そもそも、ソ連って日本との不可侵条約を一方的に破って満州に雪崩《なだ》れ込んで、一般市民を襲って略奪、暴行、殺りくを働きました。

ソ連は第2次世界大戦の終戦日を9月2日だか3日だかって主張してるでしょ。日本の終戦記念日は、ご存じのとおり8月15日となってます。

つまり、日本がポツダム宣言を受諾して降伏した8月15日以降もソ連は樺太《からふと》や千島《ちしま》列島に攻め込んできて、北海道北東部——釧路《くしろ》から留萌《るもい》を結んだ直線以北——をソ連のものにしようとしたんです。軍事的、経済的な戦略として年間通して凍ることのない港……つまり不凍港が欲しいってことでね。

でも、終戦後に自衛のために戦ってくれた兵隊さんたちがいて、北海道を守ることができたんですよ! 皆さん、「占守島《しゅむしゅとう》の戦い」って知ってますか? これがなかったら北海道も朝鮮半島みたいに南北で分断されていた可能性があるんです。

日本が降伏した後でも領土を守るために命を捨てて戦った兵隊さん、立派だと思います。歴史を勉強して、彼らのことを知って、敬意を持ってほしいです。

ソ連……今のロシアは約束なんて平気で破る国だからね。安易な譲歩はもってのほかだし、間違ったメッセージを出してはいけないと思います。

しかも、戦後の領土問題を決めるサンフランシスコ講和条約の時にはソ連は帰ってるんだから、「あんたら関係ないがな、何を言うとんの！」と言えるんです。

千島列島は日本のもの。それはアメリカも認めているんだから、日本はもっと国際世論に訴えていかないと。下手やねん、日本人はそういうところが！

ロシアでもソビエトでも、もちろんプーチンは一回も「返還する」とか「返す」とか言ってないからね。鈴木宗男《むねお》さんが「エリツィンは返すって言うた」っていくら騒いだところで何の意味もないでしょ。今はプーチン政権なんやから。

そもそも、エリツィンって交渉中もお酒を飲んでたらしいからね。日本とロシアが話し合いをしてた時、エリツィンが「二島返還の話は面白いよな」って言ったら、ロシアの高官が「あかん！」って言って、バッと話を止めたらしいんですよ。

だからエリツィンは日本の首相とふたりきりにさせたらダメだとか言われてたらしい

ですね。お酒の勢いで、そのノリで領土を返してくれたら、こっちとしてはありがたかったんですけど。惜しかったね。

もし今、先に二島だけ返してもらったとしても、残り二島は返ってきませんよ。四島いっぺんしかないいんです。それがダメなんだったら、「もう経済も援助しません、お金も出しません」って言うしかありません。それが外交ってものでしょ。

たぶん安倍さん含めて政治家の人は、心のどっかで「経済援助をしたら向こうが折れてくれんのんちゃうかな?」とか思ってるんでしょうね。

でも、そんなの100%ないですよ。だって領土というものは、申し訳ないですけど、歴史上「有事」絡み以外で戻ってきたことがありませんから。戦争で奪われた領土は戦争でしか奪い返せないいんです。お金のやり取りもなく、純粋な話し合いだけで戻ってくることは、まずあり得ません。第二次世界大戦後の小笠原諸島、沖縄の返還が特例中の特例なんです。

与党、野党の政治家の皆さん。一緒に知恵を絞って、作戦を練ってください。どうすれば「有事」なくして取り戻せるか、ぜひ国民に示してください。

安倍首相にとって最高の「レガシー」は?

じゃあ北方領土はあきらめるしかないのか? いや、それは違うと思います。最近はロシアが経済的に苦しくなって、プーチン大統領の支持率もめっちゃ下がっていますよね。結果、プーチンが失脚したり、軍部とか国内の動きおかしくなって、ロシアが崩壊まではいかないにしても大変な混乱状態になったりして、次の指導者がパッと出てきた時がチャンスかもわかりません。

例の議員は「ロシアが混乱している時に取り返すのはオッケーですか?」って言ってましたけど、武力を行使せずにできるんであれば「オッケー」でしょう。その指導者が「北方領土って別に必要ないんちゃうか?」って思っているんだったら、その時に上手に取り戻す手も出てくるんじゃないでしょうか。**外交って長い戦略も必要です**。

昨年9月、ウラジオストクでの東方経済フォーラムの場で、突然、プーチンが安倍首相に「前提条件なしの平和条約の締結」を提案しましたけど、それに乗ってたら危なかったで。だって、平和条約を結んでから北方領土返還なんかあり得ないですからね。そしたら言われますよ。「平和条約結んだくらいやから、ウチらは平和やねん。どこに領土問題があるの?」って。そう言われたらおしまいなんですよ。**絶対あかんよ、先に平和条約を締結するのは!**

だいたいね、返還してもらっても「主権はロシア」っておかしいじゃないですか。ロシアはホンマにしたたかやから、安易な妥協だけは絶対にいけません。

最近の交渉を見ていると、プーチンがアメで、ラブロフ外相がムチの役割をしてるように見えます。ラブロフがキツいこと言うけどプーチンが「まあまあ、ちょっとその話は置いておこうや」みたいなね。

安倍さんとしては、自分の時に北方領土二島が返ってきたとか、そういうのを何か歴史の1ページとして残したいはず。いわゆる「レガシー(政治遺産)」ってやつ。

でもね、**実はそれを捨てる決断・英断こそが、安倍さんの名前を最大に歴史に残すことだと思うけどね。**

後世で言われるのは、「あの時に安倍総理の決断が最大の日本の国益やった。安易に二島返還で妥協しなかったのは正しかった」って、ボクはそれのほうがいいと思いますよ。領土ってそれくらい大事なものだからね。

安倍さんはもう30回近くプーチンと会ってるけど、残念ながら何の進展もありません。ホンマに戦勝国は日本をなんやと思っててんねん！　揺すればお金を出してくれる打ち出の小槌《こづち》かなんかと思ってるんとちゃう？　日本から出ていくお金は日本国民の血税ですよ。右派も左派も関係なく、そこを考えてモノ申さないといけません。

ただね、経済のことばっかりじゃないですよ。今は中国が出てきて米中の貿易戦争が始まっているし、北方領土のインフラにも中国企業がどんどん入ってやっているでしょ。だから、日本は１９４５年の話をもっともっと持ち出せばいいんです。中立条約を破ってソ連が入ってきたことがすべての始まりなんですから。

ロシアは日露戦争で負けたから、日本のことはずっと敵視してたんでしょ。そんな国と安易に平和条約を結んだらいけませんよ。また裏切られまっせ。

だからこそ、自分たちの力で国をどう守るのか、また米軍基地をどこに置くのかも本気で考えなければいけません。

でも、実は向こうが答えを出してくれてます。だって、**「絶対に北方領土に米軍基地**

を置かないでくれよ」って言うとんねんから、それが一番嫌だってこと。相手が一番嫌がることをやるのが戦略ってもの。ケンカと一緒ですよ。

中国の反日政策が最近は大人しい理由

中国とは対立する問題がひとつぐらいだったらいいんですけど、歴史問題以外にも、領土、経済、そして軍事と、少なくても3つの大きな問題でやり合っているから、仲良く付き合っていくのはなかなか厳しいなと思いますよ。

経済の問題でいうと、中国ってそろそろ限界っていうか、いよいよ回っていかないような感じがしますね。

深いつながりを求めたヨーロッパ圏の経済がガタッと落ちて、秋にはイギリスがEUから離脱するかしないかの話になるだろうし、しかも中国は消費税（増値税率）を16％から10％に下げるって報道もあったね。それで共産党は国を回していけるのかね？

さらに、人件費もますます高騰してきて、これからは各国の企業も中国から撤退していくと思うのね。そういう意味では昔の日本、右肩上がりだった高度成長の時に似てる感じがします。これは中国に限っての話じゃなくて、必然なんですけどね。

しかも今、米中の貿易戦争で確実に中国は弱ってきています。アメリカは、1985年に日本に為替の見直しをさせた「プラザ合意」と同じことを中国にさせようと思っとるんでしょ。「為替を見直さなきゃ関税上げるぞ！」って同じ脅し文句を言ってね。実際に関税を一気に引き上げましたし、ファーウェイの副会長を米国司法省が正式に起訴したのもその一環ですよ。やる時はとことんやる国だからね。

ま、それはともかく、これまでの中国だったら確実に反日運動をやって、内部の不満をガス抜きさせるところなのに、なんで最近は反日運動しないのかっていったら、**やっぱり安倍さんがトランプと仲がええっていうのも絶対にあると思うねん。**

だから北朝鮮の核問題に対しても、中国は「非核化賛成」っていうスタンスを取っているじゃないですか。ひと昔前ならあり得ない対応です。

ホンマに今、政治的にも中国は厳しい状況ですよ。例えば、昨年末にマレーシアが中国の「一帯一路」構想に関連した大型インフラプロジェクトを断りましたよね。もうね、一帯一路はたぶん無理だと思います。

どうしてかっていうと、これまで中国は、貧しい国にお金を貸してインフラを整備させて、すごい利息取った上で破たん直前まで追い詰めて、その国の港なんかを借金のカタで自分のものにしてきたんですよ。ギリシャやスリランカ、アフリカ諸国とかでえげつないことをやってきた。そんな悪事にみんなが気付き出したからですわ。

ただね、『正義のミカタ』が始まって1年後の2015年頃から、「もう中国の経済はダメだよ、マンションバブルが弾けたから終わる」って先生方は盛んに言うてたけど……いつになったら中国は崩壊するねん!

そもそもGDPとかあんなの、ほとんどアテになりませんけど、あれだけの人口おってもこれまでの蓄えがあるから、何とか持ってる状態なんでしょうね。

中国を大国に育て上げたのは日本からのお金

中国の人口は今、約13・9億人かな。でも、2~3億人の違いは「誤差」って言うてるもんね。すごい話です。誤差が日本3つ分やで！

ただ、北京と上海、香港もそうなんだけども、そういう都市部ではいい生活ができるけども、国土が広すぎるから山村部とは経済的に大きな格差がありますね。

それだけ大きな国なのに、共産党一党支配体制でずっと来ています。中国は国家として国民をきっちり抑えていそうなイメージがボクにはあります。だから、もう全部管理、管理と厳しくなってきて、もっとややこしく、もっと窮屈になっていくんじゃないでしょうか。実際、インターネットとかSNSとか規制されているしね。

市民の反日運動を容認してガス抜きできるうちはいいけど、それにもさすがに限界があります。今よりもっと独裁色が強まって、国民がヤイヤイ言い出したら国家の分裂もあり得るかもしれんで。香港のデモもすごかったもんね。まぁザックリ「北京国」、「上海国」でいいと思いますけどね。だって国土が広すぎるもん。

中国に考えてほしいのは、民主国家でこれだけ繁栄した日本が隣にあるんだから、いいところは見本にしてほしいってことです。経済でも福祉でも文化でもね。昔の日本も遣隋使やら遣唐使やら派遣して、中国からたくさんのことを学べたわけで。

そういえば、アメリカも日本もODA(政府開発援助)とかで中国にいっぱいお金を差し出してきましたね。それは、民主的な国家になってほしかったからなんです。でも、お金だけを渡して、その使い道は中国に任せてきたから、すべてがインフラに使われたわけではなく、軍事に回ったんじゃないかっていう説もあります。

だから、**「性善説《せいぜん》」っていけないなと思うんですよ**。人は信じ合わないといけないとは思いますけど、でもやっぱり疑ってもいかないと。特に国家間の話だったらね。

ある意味、中国をあれだけ巨大な国……世界第2位の大国に押し上げたのは、日本がミルクをあげて育てたんちゃうかとか思いますよ。

田中角栄さんとか大平正芳さんの昭和の時代は、やっぱり中国に同情や自己反省もあったんでしょう。それが今や超大国になって、勝手に日本の領土まで飲み込んで「第二列島線」なんていう軍事的防衛ラインまでつくって。どういう了見しとんねん!

そんなことを許したらダメなんですよ。日本人にはこういうことをちゃんと知ってほしい。お笑い芸人でも知ってるんやから。本当に頼みますわ。

過去を清算するというのは、未来を一緒に生きること

やっぱりね、中国人、韓国人の思考というか論理を考えると、小っちゃい時の教育って大事だなと思います。良かれ悪しかれね。だって、中国、韓国の人らと同じ感覚でしゃべってたら負けちゃうもん。

例えば中国の人やったら、「我が、我が！」の人が多いでしょ。ま、国際社会ではその強さは絶対に必要だと思うので否定はしませんけども。

だから、そういう考えをよしとする教育、思想の問題やと思う。決して個人の人間が悪いわけではなくてね。いい人はたくさんいますから。

あるニュースでやってましたけど、中国国内の予防接種で子どもが障害を受けたといって、お母さんが国にガッとモノ申してね。そしたら国は50万円くらいで口止めやと言ってきて、お母さんはこんなあかんって怒ってるって報道がありました。

だから、国は違っても、やっぱり親は親やなと思って。その気持ちっていうのは何人であろうとみんな一緒。絶対に通じるものがあるんだから、**やっぱり問題をこじらせて**

いるのは教育ちゃうかなとか思ってまうのね。

教育の中でも特に大きな問題となるのは、国家間による歴史認識の違い。過去のことを言い出したら、あの民族がこの民族を征服して、領土を奪うために人を殺したってことが、そりゃ世界中に争いがあったんですからキリがないでしょ。

でも、その過去を反省して、いつまでも根に持たないで水に流して、**未来を共に生きていくってことが大切なんじゃないですか。**どっちがいい悪いじゃなくて、そういう歴史的事実を教える教育でいいんだけど……それをずっと恨んでいったら、傷つけ合いの連鎖になるだけやがな。

日本にだって戦国時代があって、統一のためにぎょうさん人が殺されましたわ。中国だって激しい国内闘争があったでしょ。朝鮮半島でもあったし、ヨーロッパでもありました。国内の枠を超えて、モンゴル帝国が西のほうをまるまる飲み込んだり、ナポレオンが領土をヨーロッパ全土に拡大したり、古代・中世からいろいろありました。そんな歴史があるのに、過去の清算を今できますか？　できるわけありませんよ。

だから、**過去を清算するっていうことは、未来を一緒に生きること、未来志向こそが**

過去の清算になるんじゃないのかなって思うんですよね。

実際、朝鮮半島の人も「元寇」でモンゴル人と一緒に日本を襲ったわけでしょ。人間っていうのは都合が良くて、近い過去にはすごく目くじらを立てるけども、その昔は「歴史」として「教え」になるじゃないですか。

でも、近い過去も、未来を考えればいつか「教え」になることをどうして理解できないんでしょう?

「先の人にバトンタッチするために、ここで我われが長引かしたらあかん!」って今を生きる我々が覚悟を決めるしかないで!

過去を変えることはできません。過去を変えるのは今しかないんです。「あの時やったこと、許します。だから一緒に未来を生きましょう」って。

でもね、そもそもボクらが責められても、責任の取りようがありません。我々は当事者じゃないし、ご先祖さまがやったことやから。結局、相手が許してくれるかどうか、過去を水に流してくれるかどうかだけなんですよ。それをやらないってことは、先祖がやったことをいつまでも子や孫に背負わせるってことでしょ。

もしボクらが南京を占領して、虐殺した当事者やったら、本当に「すんません」どころちゃいますよ。「お前ら死刑じゃ！」と言われても、それは当然。

でも、そうやないやん。それなのに、**ボクら世代どころか、まだこの世に出てきてない子たちに背負わすつもりなんか！**

こういう日韓、日中の事情を世界の人たちはわかってるのでしょうか？ 日本の置かれる立場をきちんと国際的に説明していくべきだと思います。

いずれにしろ、それを解決するのがまさに政治家の仕事。そこに与党も野党も関係ないんですよ。

だから、韓国のレーダー照射の問題っていうのは、絶対に解決しないとダメ。もしかしたら、将来に禍根を残してしまう問題に育ちかねないんです。

ようやく真実に気づき始めた日本人

何回も繰り返すけど、レーダー照射に関しては、あかんもんはあかん。こんなのは次の世代に残したら本当にいけませんよ。だから今のうちに解決しないと。

つい殴ってしまったっていうほうは謝ったらいいし、殴られたほうは「わかりましたよ、何かの行き違いがあったんかいな」って言えばいい話。「でも、次にこんなことしたらあかんで」、「こんなところでいがみ合うんじゃなくて、ちゃんと見据えるところあるでしょ」って。それだけの話でしょ。

韓国がたったそれだけのことをやらないのは、たぶん文在寅政権になって北の脅威がなくなったからでしょう。そこにきて支持率も下がってきてるから、文在寅さんは反日姿勢を出すしかないけど、そんな政策ももう限界。経済も外交もガタガタになってきてね。

でも、韓国国内のある世論調査では「日本に対して強気でいけ！」っていうのが80％ぐらいあったそうですね。でも、本当にそれは国民の声なのかねと思うんですよ。

最近はさすがに韓国国内でも「文在寅認知症説」がささやかれたり（あくまでも韓国の報道ですよ）、安倍さんとトランプの蜜月ぶりから「排除された文大統領」に心配の声が上がったり、経済悪化から文在寅さんへの「弾劾署名」が20万人を突破したりと、韓国内でも不安が広がりつつあるようです。

韓国の野党のトップが、「これ以上、日本を刺激したら経済制裁されるんじゃないんか」って今さら心配してますけども、日本は経済制裁までしないと思います。ただ、日本の企業が撤退したり、向こうに行かないようにはなっていくでしょうね。

例えば、サムスンの携帯を作る部品、日本からの輸出がゆるやかに減っていって、サムスンが大打撃を受けるかもしれません。まぁ、結局は自らの首を絞めてるのは韓国のほうなんですけどね。

だから日本もしっかりモノ言う国になってほしいですよね。昔の石原慎太郎さんじゃないけど、『「NO」と言える日本』にならなきゃダメです。だって、「モノ言う＝戦争」っていうことじゃないんですから。その時に、モノ言う相手が金属バット手にしたマッチョマンやったらケンカなんか売ってけえへんっていうてんねん。

だから、韓国なんて中国に全然文句言わないじゃないですか。歴史的にずっと属国だったという背景ももちろんあるけど、中国の軍事力が圧倒的だからでしょ。アメリカだって中国とは本気でやろうとはしないじゃないですか。

なんでかっていったら、**やっぱり軍事力こそが最大の脅威だから。すなわち抑止力があるっていうこと**。だから、もし南北朝鮮が統一されたら、日本は「専守防衛」なんて言ってられませんよ。

韓国と北朝鮮が統一されて、普通に選挙やったら、もしかしたら社会主義トップの金正恩が大統領になるっていう可能性もゼロじゃない。いや、むしろ高いかもしれへんで。しかも、いきなり核を持った国ができるっていうことで、怖いですよね。

だから、緊張状態は嫌なんですけど、緊張状態であるのが一番平和なのかもしれません。何より平和ボケが一番怖いですよ。

でも、だいぶん気付いてきてんのとちゃいます、日本国民は。

第四章　日本は自分たちの意思で守らんと！

——シベリアに抑留されていた親父の思い出

国は違ってもひとりひとりは同じ人間

政治的に日本と韓国と北朝鮮は上手くいってないけど、それと個人同士の話は別。ボクは日本に帰化した在日の友達とは、韓国の問題とかも話したりしますよ。友達は南出身ですけど、その親戚には北の子がおったりしてね。だいぶ前なんですけど、みんなで集まってタコ焼きパーティーをやった時に、「北朝鮮の教育ってやっぱりおかしいんちゃうか」って、そのいとこ同士、つまり韓国と北朝鮮でモメましたもんね。

「お前な、日本に住んでてな、朝鮮高校に行ってるけどやな、お前なんでわからへんねん？　お前が叩き込まれたんは教育と違うぞ、洗脳やぞ！」

「いや、兄ちゃん、それは違うねん！」

そんなふうにえらいケンカしるんですわ。

ボクはまだニュース番組でパネリストをやる前の話で、そこまで北と南の関係に興味はなかったんですけど、お互いにどういう感覚なのかなって気にはなりましたね。北と南、国は違っていても同胞じゃないですか。なのにかなりバチバチ言い合いしてたなぁ。

その友達、韓国のこともやっぱりおかしいとこが多々あるって言ってますよ。でも、日韓戦のサッカーの時はボクともめっちゃケンカします。そいつんとこの家で見るから、「テーハンミングク!」って、もうやかましいわ（笑）!

で、そのお母ちゃんは在日2世で、ソウルオリンピックの前の年に韓国行った時、向こうでタクシーに乗ったら、日本人だと思われて遠回りされたって話、よく言ってましたね。「そんなことやっとるから韓国は下に見られんねん! あいつら最低やで。ボロカス文句言うたったわ」ってめっちゃ怒ってました。「私、韓国人やっちゅうねん」って、めっちゃ大阪弁で（笑）。

個々人で見たら同じ人間に違いはないんです。日本人でも韓国人でも北朝鮮人でも中国人でも。個々は仲良しやねん。**結局は指導者次第、教育次第なんですよね**。

日本に長いこと住んでても、教育が違うと考え方も歴然と違いますから。同じ世代の人間でも、朝鮮学校に行ってる人と、違う学校に行ってる人間では違います。

それでも、日本人と同じような感覚も持ち合わせてるんですよ。もちろん、韓国人なら韓国に対しての愛国心はありますけどね。

それにしても、大統領が「1000年恨みを忘れない」なんて言うかね。1000年後に生きてたら言ってもいいけども、絶対に死んでるでしょ。無責任やで、それ。

ずっとアメリカの核の傘の下にいるべきか否か

日本は一応「独立国家」と言いながら、現実には各地に米軍基地があって、アメリカの傘の下で守られてます。アメリカの傘っていうか、「核の傘」ですよね。

もしアメリカ基地がなくなったら、米軍基地の負担のお金よりももっと高い税金をボクたちは払わなければいけなくなります。それで国防軍的な軍隊、自衛隊を拡大するのかどうかわからないけど、かなり強化が必要です。そうじゃないと丸裸同然ですからね。

今、日本が有事になったとしたら、「日米同盟があるからアメリカが助けてくれる」と信じ込んでいる人が多いけど、実際はどうなるのかわかりません。

他国の人間を助けるその前に、まずは日本にいるアメリカ軍の同朋たち、米国民を一番に助けるでしょ。その次が、在日米軍がある基地を守って、そのあとでしょうね。それ以外が攻められた場合は、米国が動く保証なんかないんですよ。

政治家であれば、もし有事が発生した場合、どうするべきかっていうことをちゃんと国民に問うていかないといけないと思います。

今の政権もそうだし、野党もそう。これから選挙で政権がまた替わった時に、今の野党が与党になったとしても、一本筋が通った法律を作らなければいけません。

どんな党の、どんな政権になろうが、これからもアメリカの核の傘の下にずっとおるのか、おらんのか——これから独立国家としてちゃんとやるんだったら、ちゃんと憲法も改正して、軍を強化して、さらに徴兵制を導入するのか、しないのか——そういう議論が必要なんです。**憲法改正がマストじゃなくて、議論がマストやねん!**

まぁこれからの戦争、有事っていうのは、人はあんまりいらないと思うんですけどね。だから地上戦っていうのはほとんど最終手段で、それまでに終わるっていう話も多々聞くし、抑止力が効いて有事にはならないと思います。

戦争にしないためにどうするかっていうたら、もっと国防をしっかりしていくっていうこと。これからの安全保障の問題は、米軍の基地を縮小するのか、米軍の基地の半分を使って「国防軍」っていう軍隊を置くのか――国民の命と領土を守るために、時間をかけてちゃんと議論しないといけません。

とにかく、「軍隊を置いたら有事になる」っていう考え方は捨てて、「有事にしないために軍隊を置く」っていう考え方に変わらないといけないでしょう。

この地球上で防衛一辺倒、「専守防衛」って言ってるのは、日本くらいですよ。周辺諸国の脅威が高まってるんだから、同盟を強化して米軍基地をもっと置くとか、ほかにこんな案があるっていうのをちゃんと言える政治家が出てこないとね。**中国や北朝鮮、韓国に日本と同じ憲法9条があるならいいけど、そんなん何もないんやから。**

平和を絵に描いた餅みたいな感じでいたらダメですよ。いつまで性善説でいるんですかとボクは言いたいわ。

憲法改正反対だけでは何も始まらない

そもそもね、いつまでも「アメリカ合衆国」というのがあり続けられるという保証だってどこにもありません。

トランプの後は、もしかしたら資本主義とか民主主義を推さない人間が大統領になるかもわかりませんよ。社会主義を推すサンダースみたいな人らもけっこうな支持を集めましたから。その前の、遠くない未来に日本はアメリカの「日本自治区」になるかもわからんけどね。たしかに今日、明日の日本も大事でしょうけども、未来の日本も大事ですよ。目の前にズラっと並ぶ課題、どうするん?

50年後、100年後の日本の人口って計算したら減る一方。そしたら、どこと同盟組むのが得策かまで考えないと。アメリカじゃなくてインドと同盟を組むほうがいいかもしれないし、もう一回、イギリスと組んだほうがいいかもしれないでしょ。

未来を見据えて、ちゃんと議論して、したたかに考える人が生まれてこないと、日本の未来はお先真っ暗ですよ。列強がひしめく中で、日本という国はどうするべきなのか先を見るという感覚が重要。幕末の薩摩藩主の島津斉彬《なりあきら》さんみたいなね。

「憲法っておかしいから変えなきゃいけない」っていうことは、みんなけっこうわかってるとは思うんですけど、「安倍さんじゃ嫌だ」っていう人もいますよね。

ボクはホンマにその意見には「木を見て森を見ず」みたいな感じを受けます。**安倍さんどうのこうのじゃなくて、日本の未来を見るべきだと思いますよ。**

逆に、安倍さんだからできるのではないでしょうか。他の人間が首相だったら、「憲法改正」の「け」の字も言えなかったかもしれません。実際、これまでは憲法の「け」の字に触れることすらタブーみたいなものでしたから。

歴史が動く時というのは、何でも〝流れ〟だと、ボクは思うんですよね。だから幕末だって、なんで明治維新が可能だったかっていったら、薩摩、長州、土佐なんかの下級武士が西洋にちょっと行き来するようになって、「日本、おかしいやん、いつまでこんなやねん！　西洋はすごいぞ、自由や。大統領はみんなで選ぶんやぞ！」という情報、知識が日本に流れてきて、そこで一斉に動き出したんでしょう。

憲法改正の話は安倍さんで始まったけども、安倍さんで決まるかどうか——だから50年後、100年後のことを考えて、もっとみんなで議論せな。**「9条改正反対」だけでは何も変わりません。議論の中からすごい発想が出るかもしれないんですよ。**

これまでは触れることすらタブーだったけど、なんで議論で触れることすらダメだったわけ？ 誰が決めたの？ 自分らの命がかかってんのにね。だから、過去のことをガタガタ言うヤツ、未来を見てないなと思います。

ある野党の党首なんて、「安倍政権の間は安全保障の話はしない、憲法改正するのに応じない」みたいなこと言ってましたよね。

おいおい……あんたらが政権取ったら、この国はどうなんの？ じゃあ自分らの安全保障政策を出してみいって思ってしまいます。

軍隊を持ったら相手を刺激するってホンマ？

結局、過去から未来を見ようと思うのだったら、過去のことを勉強しないといけません。そうすると、この国を、この世界を、この地球をややこしくしていったのは、みんな大国だったことがわかります。

いわゆる「列強国」がアジアやアフリカを植民地にして、都合のいいヤツに統治させて搾取して、権力争いが起こっては内戦が始まり混乱が続く……そんなんばっかりやん。

でも、過去のことばっかり見てて、いつまでも恨みごとを言っていても何にも進みません。いつまでも昔に負けたギャンブルのことを悔やんでても意味がないのと一緒。実際、勝ったことってあんまり覚えてなくて、負けたことは覚えてるもんなんですけどね。でも、過去を悔やんで文句を言ってたらお金が入ってくるのかっていったら、入ってこないんだから、働かないとダメ。**空からお金も平和も降ってきませんよ。**

昔、NHKの『YOU』っていう番組で、矢沢永吉さんが言ってました。観覧に来ていた、名もないミュージシャンが永ちゃんに質問するんですよ。

「矢沢さんは作品を作ってますけど、その作品って飽きられるじゃないですか。その時はどう思うんですか?」

そしたら永ちゃんはね、

「そんなのは単純で、Aの作品を作って、Aの作品が終わったらBの作品を作ればいい。気付いたら走れよ。だから矢沢なんだよ」

みたいなこと言うてね。カッコいいなと思いましたわ。

だから、気付いたら進めばええのよ。憲法改正せなあかん、議論せなあかんって気づいてる人間も多々いてると思うし。

過去の悲惨な戦争の例があるから心配はわかるけど、**戦後70年以上、戦争をしてきてない国が、軍隊を持ったからいうて、豹変なんかせえへんわ!**

「軍隊持ったら相手を刺激する」ってある大先生が国会でおっしゃってるのをテレビで見ましたけど、そしたら交番とか警察を置くと泥棒を刺激するとでもいうんでしょうか? 軍隊を持ったら他国としても身構えるでしょ。泥棒は警察が立ち寄る家には入ろうと思わないのと一緒ですよ。まぁ最近、交番襲って銃を欲しがるヤカラも出てきてますけど、まさにそれって、軍隊を持っていても他国が攻めてくる可能性を意味してます。

その場合、こっちから戦争を起こすわけではありません。でも、そうした不測の事態に備えるために防衛の軍隊整備は必要だし、軍隊がなかったら被害がもっと多くなりますよ。いわゆる「永世中立国」だって軍隊は持ってるからね。

今後、アメリカ内で「もうええがな、日本は。ウチの軍隊、置かんでも。遠いやん。北朝鮮の弾道ミサイルもウチの本土には届けへんのやろ」って議論が発展するのが一番怖いですね。今はいくら日本と同盟国といったって、アメリカは自分のことを一番に考えてるわけですから。

でも、それは当然のことで、親兄弟でも自分が家族を持ったら、自分のところしか考えないもんでしょ。もし考えたとしても、親は「いや、お前のとこだけ考えろ」って言ってくれるはずです。

「困ったら何でも言いや」とは言いながらも、本当に言われたところで、「いや、それこっちじゃどうしようもないな」ってなっちゃうのがオチ。やっぱり、自分の身を守るんは自分しかいないんです。

自衛隊への批判が出るのは戦後教育の破たん

そんな日本を、身を粉にして守っているのが自衛隊員。本当に頭が下がります。別に自衛隊員が親戚にいるわけじゃないけど、駐屯地に番組のロケで行ったことがあってね。自衛隊員、挨拶がしっかりしてて気持ちいいんですよ、規律も良くて。

今の若い世代の子はそんなこと感じないと思うけど、こういう人たちが我々を守ってくれてると思ったら、ムゲになんかできません。ただ、それだけよ。

これがもしね、「暑い〜」とか言いながら基地で爪楊枝くわえてダラダラしてたら、何やねんとは思うけど（笑）、規律を守って懸命に訓練をしてるんだから、そりゃリスペクトしますよ。実際、みんなピシッとしてて、その自己犠牲の精神はすごいと思うもんね。

戦争、有事になったら、ボクらも最終的には殺されるかもわからへんけども、まず盾になっていただく人たちなんですよね。

国を守る仕事をしている人たちをボクが素直に心から尊敬できるのは、**ウチの親父が戦争に行ってたし、特攻隊の人も友達やったって言うてたから、そんな影響もあるのかもしれません**。

自衛隊の人ら、有事になったら明日真っ先に死ぬかもわからないし、いつ死ぬんかもわかりません。訓練の時に死ぬこともあります。せやから、ボクらがちゃんと尊敬の念を持たないと報われませんよ。

それなのに、**自衛隊を「人殺し」とか言うてる人らもいてるじゃないですか**。命を守っていただいてるっていうのに！　戦争、有事っていうのはもちろん悪いことですが、絶対に起こり得ないことではないんです。ケンカと一緒だからね。こっちはおとなしくしてても、いきなり仕掛けられることもあるんだから。

国を守ってくれてる人を尊敬できない、その人たちに対して誇りを持つことができないというのは、戦後教育が破たんしてる証拠じゃないでしょうか。

今は同盟国のアメリカが守ってくれてるんだから、何かあったらアメリカの軍人が死んだらいいっていう理屈になる？　そんなことよう思えるわ。

そんな考えの人でも、何か災害が起こって大変な目に遭ったら、自衛隊が来て命懸けで助けてくれるんやで。常日頃、ありがたく思わないとバチが当たるで。

戦争下はみんなが普通の精神状態ではない

軍国主義の時代はよくなかったけど、だからといって戦死した人を「犬死に」なんて言うのはちゃうやろ！

戦争で亡くなった人、決して無駄じゃなかったと思います。その犠牲があったからこそ、今の平和な日本国があるっていう考えに、どうして至らないのかな。

それやったら、日本が勝ってたら良かったたっていうこと? 勝ってたら欧米みたいに侵略してた、植民地化してたっていう論理になりますよ。「統治」じゃなくて「侵略」! でも、日本が戦ったのは、アジアにあった欧米の植民地解放のためという側面もあったでしょ。もちろん、戦火で多くの人たちが亡くなったのは事実だし、「日本の侵略戦争だった」と声を大にして言う人もたくさんいます。でもね、日本人が英雄視されてる国もあるんです。感謝してくれている人々もいるんです。

なんか、先の戦争を国としてきちんと総括してないままここまで来ちゃったから、考え方がバラバラなんでしょうね。何でしょうね、「戦争が起きたのは負けた国が悪かったからだ」っていう考え方は。いやいや、助けようと思って戦った側面もあるわけです。アメリカ、イギリス、中華民国、オランダを中心とする封鎖政策に追い込まれて逃げ道がなくなって、結局、開戦は仕組まれたという面だって否めないでしょう。いわゆる「ABCD包囲網」もその一環です。

それなのに「日本は悪い国だ！」って、ホンマに英霊に唾掛けてるみたいなものですよ。日本国民のために戦って死んだのに、そんな考え方でおったらホンマに犬死になってしまいます。そんなこと、よう言えんな。

先日、靖国神社に行って、英霊に「申し訳ないですね、いらんこと言うヤツいっぱいおって」と謝っておきましたわ。

戦うには戦う理由があったから。理由なくして人なんか殺すかって！　もちろん、人殺しを正当化するつもりなんて毛頭ないけど、**戦争っていうのは、もうみんなが普通の精神状態ではありません**。悲しいことだけど、しゃあないねん。

日本が軍国主義だったたって批判する人もいるけども、ほな世界中で軍国じゃない国、どこにあるのでしょう？　それこそ今の日本は「軍国」じゃないでしょう。

太平洋戦争のすべての原因を「軍国主義の日本が悪かったから」なんて片づける前に、あの戦争の成り立ちから戦中まで全部ちゃんと勉強しないといけません。

終戦後にソ連から北海道を守った樋口季一郎中将なんてね、戦前にはユダヤ人を守って、日独防共協定を結んでたドイツとモメたくらい。ナチス・ドイツの反ユダヤ政策に苦言を呈《てい》したり、シベリアまで逃げてきたユダヤ人を世話して亡命を手助けしたって外交問題になったんですよ。

で、当時、樋口さんの上司だったのが東条英機さん。東条さんに事情を聞かれた樋口さんは「弱い者イジメはあかんから!」ときっぱり言ってね。そんで、東条さんは何度ドイツから抗議されても「人道的に配慮したら当然」と、はねつけてるんですよ。

そういう歴史があることももっとちゃんと教えないとあかんわ。ウチらのご先祖様やで。もっと日本の先人に敬意を抱こうや!

シベリアに抑留されていた親父と朝鮮の戦友

さっきもちょろっと言いましたけど、ウチの親父は大正生まれだったから、戦争に行って、シベリアに抑留されて捕虜になっていたんです。

「さっぶいぞー。歯ガタガタやん。みんな寒いから死んでいきよんねん!」って息子であるボクによく話してくれました。

いや、ホンマにそんな感じで、けっこう明るくしゃべってましたよ。それで、戦争で亡くなっていく時に「天皇陛下万歳！」って言う人間もおれば、「お父ちゃん、お母ちゃん！」って言う人間もおるって。そこは強制されたとか押さえ付けられたとか、そんなんはないって言ってましたね。ただただ「シベリアは寒いぞ～」「歯ガタガタやし、食い物もないし。生きて帰ってこれただけでもありがたいわ」ってずっと言ってましたけど。

地図を見せてくれて、「ここで捕虜になってた」と教えてくれたこともあったけども、若い時ってそんなん興味ないから覚えてないんですよね。

そんな親父の自慢っていうのは、シベリアの捕虜と、広島の呉で戦艦大和を見たこと。「大和、ごっついぞ!!」ってよく言うてましたわ。

それを見たら日本が負けるなんて思わんかったって。あの時代、あんなでかい建造物なんか他になかったって言うてましたよ。

この本を書いていて親父に思いを馳せたんだけど、**ウチの親父も含めてね、国や家族を守るために戦った人らがいて、今の平和な日本があるんです。**

昔、駅前なんかによく兵隊さんが立ってたりしてましたね。足がなくなってたり、腕がなくなってたりした傷痍《しょうい》軍人の方が。若い人、何のことかわからないかな。ハーモニカとか吹いて、お金もらってね。ボクが幼稚園とか小学校の時、よう見ました。

昭和45年くらいでもまだ平気で日本兵の帽子被《かぶ》ってる人、けっこういましたから。その中には日本人もおれば、韓国人、北朝鮮の人もおりました。日本に来たり、連れて来られたりして、そんで兵隊として戦ったって人もいました。

ボクが実際に見た韓国の人とか朝鮮の人っていうのは、日本語が片言で、ちょっと韓国なまり朝鮮なまりでしゃべってはるオッチャンたち。ウチの親父の友達もおったけども、その人らは普通に「日本のため戦ったよ」とか言うてました。

でも、やっぱり過去は変えられないから笑い話にできたんじゃないでしょうか。**出自は違っても、人間は人間。うちの親父も含めて、そんなオッサンらがおってくれたから、今のボクがあるのかもしれません。**

そもそも、韓国、朝鮮は当時日本国の一員ということになっていたから、日本と戦ってたわけじゃないんです。日本は統治をして、その責任としてインフラなどにも投資もして、ちゃんと愛情を込めて教育もしていたと思いますよ。実際、その人らを親父が家に連れてきた時、「日本のほうが全然ええわ」って言うてました。その人がたまたまかもしれないし、それが大多数か少数なのかもわからないですけど。

逆に、帰国事業で北朝鮮に帰って、えらい目に遭った人もいっぱいいましたよね。

みんないろいろあったんやね。

でもね、ボク、親父のこと、尊敬してます。

第五章　命の大切さ、もっと真剣に考えようや

――つらい過去があるから未来がある！

事件・事故の被害者のこと、知りたいですか？

最近に限ったことじゃないですけど、高齢者による車の暴走の死傷事故やら通り魔事件、親子間の殺人事件など、痛ましい事件が目に付きますね。具体的には、元官僚による池袋の暴走事故、大津の保育園児の交通事故、登戸《のぼりと》の児童ら殺傷事件、元農水省事務次官の長男殺人事件など、この原稿を書いている間も嫌な事件や悲しい事故が続いてます。愛知、大阪、福岡でも高齢者の暴走事故で死傷者が出てますね。

ただね、事件も事故も増えてるわけじゃなく、報道される量が増えたせいで目に付く機会が増え、事件そのものも増えてきてるような錯覚に陥ってるんです。

一時、凶悪な少年犯罪が多発していたかのような時期がありましたが、戦後の混乱期に比べれば少年犯罪の数そのものは減っているんですよ。交通事故による死者も最近はガクって減ってます。一時は1万人を超えていた交通事故死者数もここ30年くらいはずっと右肩下がりで、去年は３５３２人でした。

それにしても、事件・事故の報道で思うけど、被害者のことやご家族のことを国民全員が知る必要があるんやろうか、ってこと。知らないことで幸せなこともあるし、警察とか裁判官、弁護士なんかがわかっていればいいことのような気がします。**「国民の知る権利」を振りかざして、何でもかんでも報道すればいいとはボクには思えません。**

被害者にしても加害者にしても、親戚の家やら教えた学校の先生のところに話を聞きに行く必要あるの？　そもそも、被害者の写真や名前、出す必要ないでしょ。それを出したことでマスコミに正義ヅラされても困ります。今みたいなやり方、変えたほうがいいし、そういう時期に来てるのかもしれません。ご遺族の気持ち、考えんと。

結局は興味本位、視聴率稼ぎでしょ。関係者の気持ちにお構いなく追いかけ回して、何日か経って新鮮さがなくなったらパタっと報道しなくなってね。

大津の交通事故でもマスコミの強い要望で保育園が記者会見やりましたけど、関係者の足もと見てますもん。会見を断ったら「なんでやらへんねん？」って変に騒ぐつもりでしょ。被害者の自宅まで押し掛けるつもりでしょ。

池袋の被害者の旦那さんは、マスコミに「これでもう家とかに取材に来ないでくれ」という思いもあって会見を開いたんでしょ。なんで被害者がそんなことしなきゃいけないわけ？　国民は、亡くなった奥さんとお子さんの顔写真を見たいかな？

事件の全貌もまだ明らかになっていないのに、謝罪しろとか、危機管理の方法を見直せとかって取り上げるのも、ちょっと早すぎるような気もします。大津の件なんて、すぐに会見を開かせて、保育園の園長を責め立てて泣かしてもしゃーないやん。

そこで重要になってくるのが「人」なんですよ、取材する側のね。**「アクセルとブレーキを踏み間違った事件を取材してるお前がアクセルとブレーキを間違ってるんちゃうか？」って言いたいわ。**マスコミが被害者にアクセル踏みっぱなしで取材してるのを見ると、「ちょっとはブレーキ掛けんかい！」って言いたくなります。

それが「相手の気持ちを理解しましょう」なんて言っているテレビ局がやることかね。被害者や救助してる人の気持ち、考えてるの？　もう権力になってますやん。

で、傍若無人に取材してるわりには報道する内容も写真もどこもほとんど一緒。結果としては横並びでね。だったら、テレビの取材も各局一台ずつでいいじゃないですか。何も番組ごとに撮影せんでもええって。同じことを報道するんだったら、テレビ局も一局あれば済むって話になりますよ。

実際に今、テレビをつけてみたら……うわ～民放のどの局も女優の蒼井優さんと南海キャンディーズの山里亮太の結婚話で一色やないか（笑）！　何なん、これ!!

お笑いの世界だったら、他の人とネタが被ってたら変えます。例えば、強盗のネタをやるつもりでいても、前の出演者が強盗ネタやったら、「うわ～、先にやられてもうた～。何やねん！」って思うけど、絶対に被らないようにするもんね。何か違う着眼点がないのかね。このままじゃテレビもそのうち「ＹｏｕＴｕｂｅ」に完全に負けてまうで！

自動車の運転免許は70歳で返納を！

池袋の元官僚による暴走事故では、「『上級国民』だから捕まらない」なんて言われてましたし、加害者もケガしてるんだから警察だって逮捕できないとも言われました。さすがに、退院後には事情聴取はされたけど……納得できないことが多いよね。

実際、勲章（瑞宝重光章）をもらってるせいか、退院後も逮捕されず、この原稿を書いている時点でも「容疑者」にはならず。「元院長」って違和感しかないよね。

元農水省事務次官の長男殺人事件でも、長男はすぐに死んだのに、なんでずっと「殺人未遂容疑」だったのか。区別というか、一般の国民からしたら「差別」に映っても仕方ない。こういうことの真偽はぜひ知りたいものです。

池袋の事件に戻るけど、ある日突然、奥さんと子どもが奪われた被害者が現におるのに、加害者が逮捕されないというのは不条理ですよね。これ、どこに文句言えばいいの？　警察？　憲法か法律に定められているなら、変えないといけないでしょうから、どの部分なのか開示してほしいです。

運転免許に関しては、ボクは「70歳返納論者」です。だって、クルマの免許を取るのって18歳、原付バイクで16歳からですよね。取得できる年齢が制限されているのに、喪失する年齢が決められていないのは何でやねん？　社会的な責任能力？　金銭面、保障の問題？　どうなんでしょうね。

ひとつ確実に言えるのは、**人間というのは、ある程度年齢を重ねていけば劣っていくものだということ**。だから、生命保険の掛け金も高くなっていくんでしょ。なのに、90歳過ぎても１００歳過ぎても運転に制限がないなんておかしいがな！

「自主返納」なんて、民主主義っぽい耳触りのいい言葉を持ち出す人もいますけど、そこは「転ばぬ先の杖」ってことで70歳で一律返納にするのがいいと思います。

もちろん、へき地の人とか買い物難民、病気持ちの人らには弊害が出てきます。だから、そういう高齢者に対してはどういうサービスをしていくのか、地域がいかにして支えていくのか、しっかり議論をしていくべきです。乗り合いバスをつくるのか、ドローンで必要なものを宅配するのか、医師が巡回するのか、みんなで知恵を出し合えばいいじゃないですか。それこそ政治の力を発揮してほしいものですわ。

でもね、そもそもなんで過疎地ができてしまうのかっていうことに関しては、国づくりの一環として政治家が主導して何か手を打っていかなければいけないことですよ。これから高齢化とともに地方の過疎化がどんどん進行していくわけだから。

ボクは政治機能を東京に一極集中させている現状には反対です。南海トラフ大地震への備えはもちろん、関東に大震災がいつ起こってもおかしくないですからね。首都機能を大阪、北海道、福岡、名古屋でもいいし、北陸や東北、中国地方あたりに少しずつ移転させていけばいいと思います。これってホンマに緊急の課題やで。

運転する人の意識改革が事故をなくす近道

大津の保育園児の交通事故にしても、「交差点にもっとガードレールをつくろう」なんて短絡的な解決策に目が向かいがちですけど、結局、使い手がおかしかったら何でも凶器になってしまいます。

クルマもそう、包丁もそう、酒もそう。**クルマも包丁も酒も悪いわけじゃなくて、すべては使う「人」次第です**。手にするからには危険性までしっかり考えて、道具というのは使っていかないといけません。

怖いのは過信と慣れ。「自分はできる」と思っていても失敗はするし、何十年も使ってる道でも事故を起こすのが人間です。

オリンピック選手も言うじゃないですか、「『勝てる!』って思った時に負ける」って。いかなる時でも、どんなに慣れてる道でも集中して運転しないと危険です。スポーツ選手は負けても次がありますけど、人の命に次はない。

いまだにいますからね、スマートフォンを見ながら運転してるヤツ。イヤホンで音楽を聞きながら自転車に乗ってるヤツもおるけど、いや〜、気がしれないわ。その行動がどんな悲惨な出来事を招くのか想像できないのかね。でも、スマホにも自転車にも罪はないわけで、やっぱり人なんです。

じゃあ、どうしてそういう人ができあがるのかというと、やっぱりしつけや教育に行きつくわけです。しつけや教育をしっかりしていてもはみ出す人はもちろんいますけど、そこをあきらめたら社会が成り立ちません。

事故多発交差点にはガードレールを付けたり、時差式信号にしたり、お巡りさんを常駐させたり、具体的な事故防止策はみんなで知恵を出し合って工夫すればいいですけども、それにはお金も時間もかかります。それよりか、**運転者の意識を変えることのほうが早道だし、お金もかかりません**。

「ハンドルを握るということは誰かの命を危険にさらすことにつながるんだ」という意識をひとりひとりが持てばいいだけでしょ。ガードレールつくったって運転者の意識が変わらないと、危険な事故はなくなりません。

え、どういうふうに意識を変えればええかって？　そりゃ、**みんなが家族だと思った**

らできるんやないですか。

前のクルマを運転してるのが自分のオカンだと思えば、煽ったりしないでしょ？　狭い道を歩いている子どもが自分の子どもだと思えば、邪魔だとは思わないでしょ？　**みんなが他人ではなく、家族だと思えば譲る気持ちにもなるはずです。**

ボクだって急いでる時はあるけれども、それでイラ立って無理なことをした時に起こり得る最悪な事態を想像できれば、人間って抑止できると思います。それはある意味、ひとりひとりの、一個人の安全保障問題じゃないかなって思います。

事故を起こしたら、相手の家族はもちろん、自分の家族も不幸になってしまいます。ましてや、酒を飲んで運転なんて弁解の余地はあらへんで！

幸せって、なろうと思ってなるものじゃなくて感じるもの

川崎市の登戸で起きた通り魔事件にしても、外務省の人が刺されて亡くなって、国益に大きな損失を与えたなんて言われてます。

でもね、命というのは平等ですから、同じく亡くなった小学校6年生の女の子だって大きな損失ですよ。将来、日本のため、地域のため、誰かのために活動をする立派な人間になったかもしれません。ま、生まれてきてくれただけで誰かのために役立ってるとボクは考えてますけど。

殺した犯人のほうも、どうしてそういうふうになってしまったのか……考えさせられますね。何が違うねんな、ボクらと？

テレビ番組のコメンテーターは、育った環境やらコミュニケーション能力、地域や貧困、あるいはゲームやアニメなどを持ち出して、「何かのせい」にしようとします。

でも、何のせいでもなく、その人の問題だと思いますよ。己が不遇でどんなに苦しいことや嫌なことがあったとしても、それを逆恨みして無関係な人を殺《あや》めるということはあってはならないこと。ましてや自分自身も死ぬってこともあってはなりません。

まぁ何かのせいというか、理由が見つけられないと落ち着かないし、不安が解消されないというのはわかります。でもな、同じ境遇の人らがみんな犯罪に走るかといったら、絶対にそんなことないで！　似たような境遇で頑張ってる人、たくさんいます。

それにしても、なんでやろうね……価値観の違いかな。**そもそも「幸せ」って、なろうと思ってなるものじゃなく、感じるものだから**。人がうらやむようなお金持ちでも不幸な人はいるし、貧乏でも幸せな人はいっぱいいますよ。

この犯人は自殺したから動機もよくわからないけども、人生最高の自分勝手な復讐劇を成し遂げたことに満足かもしれません。でも、被害者の家族や周りの人がどれだけ悲しむのか……想像できなかったんでしょうね。

加害者のこれまで抱えてきた苦しみと、被害者家族が事件によって抱え込まざるを得なくなった悲しみと心の傷はまったく別物。復讐でも何でもあらへんがな！

そういう危ない人が見た目でわかるなら防ぎようもあるかもしれませんけど、色が変わったり大きくなったりするわけじゃないから、防ぎようがないね。

どんな安全保障も万全ではなく、この先、何が起こるかわからないということでもありますけど。

幼児虐待のニュースも続くけど、やるせない気持ちが募るね。

酒を飲んで運転すれば殺人未遂じゃない？

さっきも書いたとおり、クルマも包丁も便利だし、今やなくてはならない道具ですけど、使い方によっては人を傷つける凶器にもなります。ネットも同じやね。

そうそう、前に大阪のバラエティの番組で、弁護士の先生と激しく議論したことを思い出しました。あるタレントさんが飲酒運転で人ひいて逃げた件に関してね。

「罰金〇〇円、執行猶予〇〇年」という判決について、ある弁護士さんが「ちょっと重いかな」って言ったんですよ。

ボクはカチンときて、「『重い』ってどういうことやねん！　ひかれた人、当てられた人は何の落ち度もないねんで。生まれたままの体やったらええけども、後遺症も残るかもわからへんし、戻ることもないかもしれへんのに、どこが重すぎるねん！」って。まぁ、テレビ的にちょっとモメたようにした部分もあるんですけどね。

「逆にね、なんで危険運転致死傷とか殺人未遂罪じゃないんですか？」

ボクは弁護士さんに聞いてみました。そしたら、

「いや、それには問われない。そんなん言うたら、酒飲んで運転したら殺人犯になるかもしれへん。ほんこんさんもなる時あるねん」

って……誰に言うとんねん！　「絶対乗るか！」と言いましたけどね。

それって、どう考えても法律がおかしいでしょ。結局のところ、法律って万全じゃないなと思いましたね。やっぱり悪いことは悪いし、そもそも飲酒運転で人をひくことに情状酌量の余地なんてないじゃないですか。**酒を飲んで車を運転するっていうのは、殺人未遂と同じような扱いにせなあかんと改めて思いましたわ。**

クルマにひかれて亡くなる方もたくさんいるわけですよ。「人ひいといて、『重すぎる』なんて被害者の遺族の方に言えるんか！」って声荒らげてもうたわ。そしたら、弁護士さん、ダンマリ決められてね。

ほんで収録の後、ボクの楽屋にその弁護士さんが来て、「ほんこんさん、すんませんね。ホンマはほんこんさんの意見に賛同やけど、ボク、弁護士の立場やから」って。もちろん、「謝んなくていいですよ」って言いました。立場もわかるしね。

で、この議論が変な方向に進んでいくと、「結局クルマがあるから交通事故が起きるんやろ。だったらクルマをなくしてまえ」、「お酒を禁止してまえ」、「飲み屋の深夜営業禁止や」という話になりかねません。

でもね、違うんですよ。**クルマもお酒も包丁もネットも悪いわけじゃなくて、使う人間が悪いだけで。**これって教育に原因があるんかな？ その人のモラルの問題ちゃうの？

簡単な話ですよね。クルマを運転したかったら飲まへんかったらええやん。飲んでしまったら運転しない。ただそれだけの話でしょ。

飲酒運転は他人様の生命を危険にさらす可能性があるんだから、もっとシンプルに「酒を飲んで運転したらもう殺人未遂やで」っていうふうにしたら、もっと抑止が働いてもっと考えるようになるって、ボクは思いますけど。

皆さんはどう考えますか？

加害者の過剰な弁護は本当に必要かな?

飲酒運転事故が起こった場合、被害者の人権って当然ありますけど、悪いことをした側……つまり、加害者の人権をあまりに強く主張するのはどうなんですかね? 犯罪者にも人権があるかもわからへんけども、弁護だけじゃなく、強く「反省」を促さんと。

そうそう、ボクね、神奈川県の辻堂《つじどう》でタコ焼き屋をやってるんですけど、そこの若い子が「『償う』って何なんですかね?」って聞いてきたんですよ。

「刑務所に入って『償う』って言われても、亡くなった方は戻ってこないし、それで『償う』っておかしくないですか?」

いい質問だなって、素直な考えだなって思いましたね。

例えば、被害者が一生涯働いたとしたらいくら稼げたかという見積もりを出して、被害者家族にお金払っていくとしても、それがホンマに「償い」なのかっていったら、そんな単純じゃないですよ。加害者がきちんと払うのかっていうたら払わない輩《やから》も出てくるでしょ。払えなくなって、犯罪に手を染めるようになったら意味がないし。

それに、被害者にもし残された家族がいなかったら償わなくてもいいってことになりかねません。身寄りのないお年寄りなんかは殺され損じゃないですか。

日本には死刑制度があって、「人権蹂躙《じゅうりん》だ」「世界では死刑廃止の潮流にあるのに日本は時代遅れだ」なんて声を上げる人もいるけど、そんなら**「殺された人の無念はどないすんのん？　残された家族の気持ちはどうなんの？」**って思うんですよ。

せやから、悪いことやれへんかったらええだけのことやん。

悪いことやってるんやから罰を受けるのに、それを弁護したり刑を軽くしたりするということに対して、ボクは納得してないんですわ。どうしようもない憤りを感じますよ。

そもそも「償い」って何ですかね？　結局、それを考えるよりも「やったらダメなことは理由を問わずやってはいけませんよ」ってことだと思うんですけどね。

たまたまその場にいただけで、ほかに何の理由もないのに、一方的に傷つけられて被害者となってしまう不条理さというのを、もっと考えて行動しないとダメでしょう。

人の下半身の問題まで、そんなに口を出さんでも

ネット社会の負の部分で言えば、「一億総バッシング時代」っていうんでしょうか、例えば芸能人が不倫をしたら、なんでネットであんなに叩かれなあかんの？　そんで、記者会見で国民に対して謝る必要もあるんかいな。

芸能人が不倫をしようが離婚をしようが、本来、外野は関係ないこと。今まで一度も応援したこともない人らがバーッと青筋立てて責め立ててね。

ファンの方だったらまだわかるよ。「おい、オレはあんたをあんなに応援してきたのに裏切るんか？　どんだけコンサート行って、ようけグッズを買ってきたのかわからんのか！」って。まぁこれも言いがかりみたいなもんだけど、まだわかる。

でも、まったくの通りすがりの外野が鬼の首を取ったみたいに糾弾するっていうんは、ボク、ある意味で〝通り魔〟だと思ってます。ちょっと乱暴な言い方だけどね。

ホンマにただの賑やかし、通りすがりに言いたいこと言って、バーッって去って行く。何の責任も負わず、その時だけ「自分は正義の味方」「倫理観のかたまり」みたいな顔

してね。何様でしょうか？

男性芸能人の不倫なんかの場合、まず奥さんがどう言うてるかっていうことが大事だと思うんですよ。奥さんが「許したるわ」とか「次やったらアウトやで」って言ったらかまへんがな。他人が口出すこととちゃうねん。

「ウチの旦那、アホですんませんね。いや、私が鬼嫁やからそないなったんちゃうかな？　申し訳ないですね。これからお互い仲良くやります」

そう言うならしょうがあらへんがな。「浮気は頭に来るけど、私はその人と一生を添い遂げたいねん、それが私の信念やねん」という考え方の人もおるでしょ。奥さんや家族が決めりゃええがなって思うんですけどもね。

奥さんが怒っているなら、旦那が一生懸命謝ったらええんちゃう？　他人が「もっと謝れ！」「世間に謝れ‼」って言う必要はないと思います。もちろん不倫相手の旦那さんとか奥さんには詫びたり何らかの形で償うのは言うまでもないけどね。

だいたい、芸人の浮気なんてど～でもいいやろ（笑）。ただ、ボクが嫌いなのが、不倫した他の人は吊るし上げておいて、「○○さんはきちんと謝ったからＯＫ」なんていうポジショントーク。「〇〇なら許せる」って何？　散々、ほかのタレントを吊るし上げておいて。そこでは平等性がないのが気持ち悪いねん。

Aを吊るし上げるんだったら、Bもちゃんと吊るし上げろや！　「こっちはいいけど、あっちはダメ」はあかんやん。ダブルスタンダードやで。そもそも、他人の不倫なんてボクはど～でもええけど。

不倫に関しては、石田純一さんじゃないけども、〝文化〟という側面もあるというか、「英雄色を好む」という言葉もあるくらいで、常識に縛られないからこそ何か新しいことを生み出したりできるって部分、あると思うんですよ。これは男性に限った話じゃなくてね。ただ、中途半端に何でもできるヤツが、たまに不倫するからややこしい（笑）。

ボクね、会社の社長であろうが芸能人であろうが、下半身の問題はどうでもいいと思います。その個人の責任だから。しかもね、世にバレたら叩かれるけど、じゃあバレてない人間はいいのかっていう話になりますよ。

ほんなら、みんなで浮気を監視する「一億フライデー記者」時代になってしまうで。犯罪を抑止する監視社会はええけども、別に色事までは監視せんでもいいがな。

それでもね、やっぱり政治家の人はやったらあかんと思いますわ。デート代もホテル代も、元をただせば我々の税金やからね！

「一夫多妻制の実現を！」を公約に当選したんなら別やけど（笑）。

近くなりすぎたタレントとファンの距離

昔は議員にだって愛人、いわゆる「二号さん」がいて当たり前。ちゃんと仕事をしてくれてたら、寝床で何しようが誰も気にしませんでした。そんな時代でした。マスコミも報道することもなかったですからね。

それが、なんで今みたいになったかっていったら、やっぱりタレントとファン、議員と有権者との距離が近すぎるようなったからちゃいますか？

議員もタレントもスポーツ選手も、ファンサービスとかSNSとかで近づきすぎたんじゃないですか？　そうしないと食べていけない時代になりつつあるからかな。

ある時にテレビを見ていたら、ある大物タレントさんが「え、こんなバラエティ番組に出るの?」って驚いたことがあったけど、昔は番宣(番組宣伝)のために俳優がバラエティ番組に出るなんてなかったですからね。

かつての「銀幕のスター」がバラエティに出ることによって、近寄りがたい存在から「近所のおもろいオッサン」くらいのレベルになってきているんでしょうか。だから何かイメージと違うことが発覚すると、「思ってたんと違う」「今までええ思いしてたやろ」という思いから、「謝れ、お前は!」って叩かれている面もある気がします。

女のコのアイドルグループにしても、昔だったら雲の上の存在でしたけど、今は会おうと思えば会える感じになってきてますしね。

でも、これはメディアにも責任があると思うんですよ。やっぱり昔みたいに手が届きそうで届かないっていう絶妙な距離感を演出してくれたらいいんですけど。

あるいは一切プライベートを売りにしないとか、いい意味で近寄りがたい雰囲気をつくるとか。タレント自身でそういうのプロデュースしないといけません。それができたのは高倉健さんとか田村正和さん、女優さんなら吉永小百合さんが最後ですかね。

「クラスの人気者」レベルで売るのも戦略としてありですけども、芸能界だから一緒クタっていうのじゃなくて、銀幕スターは銀幕スター、テレビタレントはテレビタレントと二極化する必要があるかもしれませんね。

今の若い人はわからないかもしれませんけど、昔だったら映画よりテレビが下に見られていたから、銀幕スターはテレビに出ることに抵抗があったんですよ。アメリカはいまだにそうですよね。ハリウッドスターはなかなかテレビのドラマなんかには出ません。小金稼ぎで日本のＣＭには登場してもね（笑）。

ただ、日本ではテレビが頑張ったからこそ、映画スターもテレビに出るようになったんです。もちろん、スターとはいえお金を稼ぐ必要はあるんでしょうけど、そこはタレントとか役者さんがプライド持って頑張らなあかんですわ。

いつしか失われてしまったワクワク感

これから先、お笑いの世界にもビッグな人がなかなか出てこない気がします。今はＡＩが実用化されて、ＣＧのアイドルを見てペンライト振ってる時代でしょう。未来の芸能界はどないなるんかいな？

ボクは昭和38年生まれで、小学校1年の時の昭和45年に大阪EXPOがあったことをすごく鮮明に覚えています。まだ不便で不自由なことがいっぱいあった時代で、そこに出展されていた携帯電話やテレビ電話、動く歩道とか、便利なものに対してものすごく夢を見ました。「未来はこんなんなるんか！」ってワクワクしたもんです。

今は物質的には間に合ってるんですけども、逆にワクワク感や未来の夢みたいなものがなくなって、心のほうの何かが失われていってる感じがします。

例えば、「明日から『空飛ぶクルマ』が発売されます！」と言われたら、ボクの世代やったら「うわ～絶対乗りたいわ！　いつか1台買いたいわ」って思うはずです。

でも、今の若い人、「へ～、そりゃ便利やな。自分には関係あらへんけど」、「飛行機でええんちゃう？」、「法律的に大丈夫なん？」、「燃費悪そうやな」、「ネットで炎上しないかな？」なんて夢のないこと言いそうやん。冷めてるというか現実的というか。

そんな腹の足しにもならない夢の話よりも、目先の自分の生活のほうが大事という風潮がありますよね。

まぁ昭和のような右肩上がりの時代じゃないんで、生き残るためにはしょうがないんですけど、全世界が自分ファースト、「我が、我が」ってポピュリズムみたいなのに走り出してる気がします。それも生きにくくなってきた一因かもわかりませんね。

パソコンやらスマホやら、ハードはどんどん発達して誰しもが持ってるもんになりましたけど、**コミュニケーションとかコミュニティ、人間力とかっていうソフトの部分が劣化してるような気がします。**

そういう意味では、「この男に惚れたから契約を結ぶことにした」とか「結果はわからんけど、この人に賭けてみます」みたいな浪花節《なにわぶし》はなくなっていくでしょうね。

コミュニケーション力の低下って、やっぱケータイ電話、スマホの普及と関係あるんちゃう？　ボクらが中高生の時って家電《いえでん》しかないし、ＬＩＮＥやらメールやらなかったですからね。

どうしても好きな女の子と話したいと思っても、当時はいきなり家に電話することはなかったじゃないですか。電話して「オヤジが出たらどうしよう？」とか「あそこ、兄貴がおったかな？」とかいろいろ家族のことまで考えて、その人らに対してどう言えばええんかなと悩んで。「ほんなら今日はやめとこか」って、モンモンとしてね。

それで、これひとりで考えていても結論出えへんから連れに言うんやけど、連れはフラれるのを面白がりよるから「はよ言え、電話せえ！」ってけしかけるわけ。ほんで、かけたら本当にオヤジが出て、思わずガチャンッて切ったり……切ったからにはもうかけられへんわ（笑）。こういうのもあの時代の良き思い出でね。

いや、ホンマに小っちゃいことかもわからへんけど、そういうことが欠けていってるから、おかしくなってきてるのかもしれませんよ。やっぱりウチの子どもらも、ずっとスマホ見てますもんね。

女のコの家に電話した時にオヤジさんが出て怒られたらどうしようとか、嫌われたらどうしようっていう想像力がないから、ツイッターとかでも平気で人を傷つけることを書けちゃうのかもしれません。

ボクらの時代は、オヤジさんに嫌われんように考えるから、ある意味、口も達者になっていくじゃないですか。普段は使わない敬語とか覚えてね（笑）。

そういう時代のほうがなんかワクワクしてたような気がするわ。今はもうＬＩＮＥで何か言うたら「了解！」とかね。

今は「電話してもええか？」ってＬＩＮＥをする人もいるんでしょう？　気持ち悪いわ。何やねん、それ。さっさと電話して済ませや（笑）。

そんなこともあって、どこかリアリティに欠ける時代になってるから面白くないのかなとか思ったりする今日この頃です。

テレビの世界にコンプライアンスを持ち込まんでも！

今の世の中って、お笑いでもたしかにコンプライアンスは厳しくなってきています。食べものを使って何かをやった時に、必ず「このうどんは後ほどスタッフがおいしくいただきました」なんてテロップを入れるようになったのがその証拠。

そういうの、もう気持ち悪いんですよね。見てる側も、それを言わしたから気持ちいいんですかね？　そんなん言うんやったら、日本の食べもん、年間何百万トン、何千万トン廃棄してんねん！　そこの社会問題から考えてくれやって言いたいけどね。

あと、ドラマでクルマ乗るシーンは絶対シートベルトをしなきゃいけないんです。『仮面ライダー』シリーズでも、後部座席の人までしてるんですよ！　そこはええやん、もうわかってあげてえや（笑）。

アクションシーンの撮影もきちんと許可も取ってるし、一般社会とは違う異次元の世界やねんから。しまいにはアニメの中でクルマ乗る時もシートベルト付け出してね。

でも、**そういう法令順守的なことは、テレビが作り物の中で皆さんに教えることじゃないでしょう。親が言うたらええことやん！**

「ウチの子どもがテレビで見たからシートベルトしない！」って……いやいや、おかしいでしょ！　道交法で後ろもシートベルトをしなければいけないんだから、そこは親がさせないと。ちゃんと説明して説得する段取りを嫌がって、何でもかんでもテレビのせいにしたらいけません。

これ、ボクから言わせたら、**コミュニケーション能力の低下ちゃうんかな。ちゃんと子どもを叱れへんっていうね。**

だって、シートベルト以外にも法律違反のシーンなんて、いくらでもテレビで描かれてるでしょ。人殴ったり、殺したり。いやいや、殺しのシーンがOKで、シートベルトしないシーンがNGというのが理解できないわ、ホンマに。

けど……仮面ライダーが変身する前にシートベルトしてるのはまだいいとしても、変身してからシートベルトしたら、オレは逆に苦情入れるわ！　改造人間やで、どんな衝撃でも大丈夫やろが（笑）。

でも、そんなん放送すると、テレビ局に苦情の電話かかってくるらしいですよ。例えば、刑事ドラマで犯人を追っかけてる刑事がパッって車道を横切っただけで、「危ないからあんなマネすんな！」とかクレームが入るんやて。おかしいやろ。**仮面ライダーでも、そのうち「ヘルメット被れ！」って苦情が来るかもしれへんね（笑）**。

今の時代、トラックの前に飛び出して「ボクは死にましぇ〜ん！」と言う『101回目のプロポーズ』の名シーンなんか、もうまったくアウトでしょうね。でも大丈夫、クルマは止まるっちゅうねん！　101回以上、稽古しとるわ（笑）！

少数派の意見を気にしすぎじゃないですか？

例えば、昔の『ダウンタウンのごっつええ感じ』、あれだって今見たらアウトっていうのもなんぼでもありますよね。ボクらが受けていた激しいツッコミとか。でも……なんやろうね、日本人自体にも寛容さがなくなったんですかね。それで今はネットがあるから、そういうシーンが世界に発信されて、「日本は暴力を推進してるのか！」って時には騒がれたりもします。いや、そんなもんしてないがな。なんでわかれへんのかな。出演者のボクが暴力って感じたこと、一度もないもん。

あれもダメこれもダメってなっていくと、自由な発想、アイデアってどんどん狭まってくるんですよ。これ、お笑いだけじゃなくて、科学技術にも影響しますよ。

これから先、ノーベル賞受賞者が日本から出てこなくなるかもって言われてるじゃないですか。基礎研究の研究費を削ってるのと一緒ですよ。

せやからね、無差別に可能性を狭めていったらあかんと思うよ。裾野が広なかったら高い山はできひんっちゅうねん。視聴者の人も、自分で面白いものを削っていってるんですよ。日本政府も研究費をケチったらいけないと思いますけど。**寛容さというか、もうちょい鈍感さを持ちゃええと思うんですけどね。**

とはいえ、『ごっつ』の時とはもう時代が違いますし、今同じことをしてそれが面白いのかっていうことよりも、それで喜んでくれる人が何人おるのかっていうのも考えなければいけないでしょうね。8割が喜ぶ時代ならいいけど、8割が眉をひそめる時代ならできませんよ。そこはやっぱり変えていかないといけません。

ただ、少数派の声が大きくなりがちなんで、そこは民主主義、多数決なんやから、半分以上の人がおもろいっていうなら、下品なギャグでも寛容に見てほしいわ。

たとえば「吉本新喜劇」というのは昔っから続いている舞台です。そこでは今でも人を叩いたりもするし、人をクサして笑いを取ったりもします。

もしそこで、お金払うて見に来てる人が、「おい、今のあかんのちゃうか！」とか言い出したら成立しないじゃないですか。

会場に100人おったとして、ひとりだけそう言うて、99人が「え？　なんやねん、そんなもんあとで言うたらええ、今言わんでええがな」と思ってるんなら、本当なら多数派の意見に従うべきやないですか。なのに今は……**少数派の意見、苦情、クレームで世の中が変わってしまう怖さも感じます。**

民主主義なんだからこそ、強い人が少数派の意見をできるだけ補ってあげるっていう社会が一番いいと思います。

ルールとしては、民主主義というのは多数決で決めるものなんだから、１００人おって51対49だったら49人は泣くんですよ。

でも、１００人中49人って、マイノリティっていいますか？　決して少数派じゃないですよね。だから民主主義の行き着く限界もあるとは思います。

例えば、お笑いの審査でもありますよ。演者は各自それぞれ主観や価値観はあるんですけど、審査員は総合的に見てはって、どうしても順位・優劣が出ます。

それに文句言うんだったら、審査がある番組に出えへんかったらええだけ。それに出ないで売れればいいだけやん。

出るのだったら、そのルールに則って、一切文句は言ってはいけません。文句言うんやったら、身内だけで言っとったらええねん、意見として。そんなんＳＮＳとかで拡散する必要ないやろ。アホちゃうか！

コンプライアンスを気にしすぎると何も生まれない

例えば、自衛隊を「人殺し集団」なんて見なしてる人たちはごく少数のはずです。でも、少数派が言うことを批判したら「弱い者イジメ」「表現の自由の侵害」っていう図式になるのを誰もが嫌がるんですよね。

そんなバカなことあるかい！　99人対1やったら1の話は聞かんぞ！　なんでそこを尊重して99人を見殺しにせなあかんねん。ボクが政治家やったら、そのひとりを絶対的に説得するぞって考えますけどね。

あ、でも、説得もせえへんかもしらんな。「なんでお前そんな考え方になったん？もういっぺん一から教育されてこい！」って言うかもわからんな。

お笑いでも、際どいギャグをやって、99人が笑っても、ひとりが「差別だ」「セクハラだ」って言ったりすることに敏感になりすぎのような気がします。**コンプライアンス**

に配慮して、100人全員を笑わそうなんてギャグ、おもろないで。

それなら、そのひとりのための番組作ったらええやん。でも、作るのかって言うたら、作れないんだから、もう意見なんか聞かないでいいんじゃないのって結論になるでしょ。ひとつひとつクレームを聞いてたら、どうしようもなくなります。

逆に、そのひとりを笑かそうって思って作るほうがおもろいかもしれませんね。「なんでこんなん作りよる?」って言うて。

テレビCMでもそう。ほんの2、3件のクレームがあるだけでビビっちゃうんですよね。でも、例えば食器洗剤、台所洗剤のスポンサーさんがいたとしても、日本の全所帯がそこの商品を買ってるかっていうたら買ってませんよ。だから、少数のクレームなんか相手せえへんかったらええねん!

でも「イメージが……」って。いやいや、そんなひとことで壊れるようなイメージだったら、もともと自信ないのかっていう話ですよ。確固たる信念があるんなら、ひとりでも10人でも何か言ってきたら対応したらええやん。

例えば、吉本新喜劇だって、今の時代、頭を叩くだけで「それはパワハラだ!」とか、

「子どもがマネしたらどうする？」とか、そういう声が出ますけど、ボクなら**「おたく、マネするような教育してんのん？」って言うたるけどな**。

少数派は少数派でいい。ただ、その意見を多数派の人間がくみ取らなきゃいけないっていうのが気持ち悪いねん。そもそもね、少数派のほうが正しいなんてこと、ないからね。だって、そうでしょ。そう考えている人が少ないってことなんだから。

それなのに、テレビで少数派の意見を取り上げて、「やっぱこういう人たちの意見を大切に守ってあげなきゃいけません」って言うのもどうかと思います。そんなことしてたら経済も上手く回らんぞ。

皇室から醸し出されるごっついオーラ

昭和30〜40年代みたいに、経済が右肩上がりの時代って、何事にも大ざっぱやったから良かったかもしれませんね。

ボクらが小学校の時とか、煙突から黒い煙出てるだけで「光化学スモッグや！」とか言うてたけど、今はそんなこと、迂闊《うかつ》には言えんでしょ。冗談も通じないというかな。**公害じゃなくて、世間の空気で息苦しいわ。**

平成の世になってオウム事件もありましたけど、あれってこの世の中の少数派の人が「今の世の中はおかしい」って思って入信したんでしょ。だから、多数派がすべて良しとはいわないけども、なんやかんや言ってもいいことのほうが多いと思いますよ。多数派の意見が正しいから世の中が回るんです。

忘れたらいけないのが、多数派の人らの世の中で、少数派も恩恵を受けているということ。意見を言うのは構いませんけども、それも忘れて、「我が正義や！」みたいなこと言うてたらダメですよ。

平成の世も悪くなかったですよ。「平成は事件が多い、良くない時代だった」とか聞くと、ボク、退位された上皇様に申し訳ないなって思います。だって、それをつくったのは国民だし、事件を起こしたのも国民や社会でしょう。バカ野郎って思うわ！　それに30年もあればいろいろあるがな、そんなもん。

それにしても、上皇様、上皇后様、国民のために退位までホンマに寄り添ってくださったと思います。「天皇陛下は国民の前でひざまずいたらあかん」とか「そんな服で被災地行ったらあかん」とかヤイヤイ言われて、大変だっただろうしストレスもずいぶんたまったことでしょう。すごい敬意を払いますわ。令和に移り変わる中で、いろいろ言う人もおったけど、ボクは今回の生前退位・譲位は大賛成です。

会見でも、上皇様は気を遣って「象徴天皇」って言葉をずっと言ってはりましたね。あんなに言わなくてもいいんじゃないかとボクは思いましたよ。上皇様が天皇陛下としてやってこられたことは国益にもつながったし、どれだけ国民が勇気づけられたことか。阪神・淡路大震災や東日本大震災の被災のお見舞いや、戦場となった沖縄にも何回も行かれてね。サイパンやパラオにも足を運ばれて、ボクはこの国に生まれて良かったと誇りに思います。ホンマ、上皇后様も素晴らしいわ。

現天皇陛下、皇后陛下も、大きなプレッシャーの中で、国賓として迎えたトランプ大統領と会うことになって……トランプの態度を心配する声もありましたけど、めちゃくちゃ紳士的な態度だったじゃないですか。

みんな知らないねんな、皇室の華麗でものすごいオーラを！　トランプですらおとなしくさせるオーラをね。

悪口ちゃうねん、言葉遊びやねん！

そうそう、新喜劇や舞台で、前より頭をはたく回数が減ったとか、そんなん全然ないですよ。ま、基本的にボクはあんまり叩けへんけど。時代が変わろうともボクの考え方とか見せ方なんかは何も変わっていません。だって、ただ見てもらって笑《わろ》てもらうだけやから、そこに何の思想もないし。単純に面白かったらええだけでしょ、ボクらは。

太ってる演者をブタにたとえて、そいつが手で何かを掴むと、

「前足で何してんねん？」

「いや、前足やない、手やで！」

「もうブーブー文句言うなや」

「普通にしゃべってるがな！」

みたいな定番ネタがありますけども、そこに太ってる人を馬鹿にしようとか陥れよう

という意図なんて一切ありませんよ。

面白いこと言う、そしてただ笑う——それだけでいいと思うねんけどな。

ただ、なんか言われて傷つくんやったら、言うてもろうてもええけども、その分、こういうやり取り、言葉遊びはなくなってしまいますね。

例えば、電車の中でケンカが起こるとするじゃないですか。当事者のうちどっちかがハゲだったら、「おいこらハゲ！」って言いますよ。名前知ってるわけじゃないんだから、チビでもデブでも身体的特徴言いますやん。

そこで「うわ、傷ついたわ！」「コンプライアンスが！」ってなります？　**ボクなら「おいこらブサイク！」って言われるんやろね。ほっとけや（笑）！**

たしかにね、昔は例えば山田花子とかをブスやなんやとイジることを容認されてた時代もありました。たとえ、本人がそれをキャラクターとして武器にしていても、今は女性差別だ、セクハラだという意見が出てきます。それは大事です。

だから、こちらは「これ、言うたらあかんねんやろな」とか、気を遣ってのツッコミになるんですけど、そこでまた違う言い方、言葉を考えるっていうことで、新しい能力、才能が開花するもしれませんね。実際、傷つけたらいけないですし。

息苦しい世の中を打破できるのはお笑いしかない

かつて女性に対して、ブスだデブだってイジれたのは、いい悪いはおいておいて、「浪花の笑い」の土壌みたいのがあったからじゃないでしょうか。

東京で同じようなこと言ったら、泣かれるか訴えられかねませんけども、大阪だったら慣れというか免疫力みたいなものもあるし、女性のほうも黙ってませんからね。

そもそも東京にはもともとボケ・ツッコミという文化がないから、アホなことを言われても笑いで返すってことが難しいのかもしれません。

とはいえ、それすらだんだん変わってきてる実感もあります。これだけのネット社会になって、交通も行き来も簡単になってきたら、ボクは「大阪弁」が絶滅していくんちゃうかな、なくなっていくんちゃうかなと心配してますよ。ホンマの大阪弁とか減ってきてますもん。若い子も、言葉そんなにひどないですもんね。

いや、だからセクハラとか女性蔑視、身体的特徴を揶揄《やゆ》するようなことがOKだなんて言うつもりは毛頭なくて……って、「毛頭ない」って表現は大丈夫かいな？　あぁ、気を遣う世の中や、しんどいわ～。

でもね、当然、時代に合わせて言い回しは変えていかないとダメだと思います。

やっぱり大阪って、いまだに「おもろいこと言うたら勝ち！」「ウケたら勝ち」みたいなとこあるんですよ。その考えがベースにあるから、ドッキ漫才でもウケてる限り続くでしょうね。それを不愉快だって言われたら、「それはホンマに申し訳ないですね。でも、仕事やから続けていきますよ」としか言いようがありません。

逆にやめたらいけないと思いますよ。若手の「カミナリ」っていうコンビだって頭を思いっ切りバチンって殴るじゃないですか。あれをやめたらダメなんです。やり続けることで世間に認知してもらわないと。

それで、続けていくうちに、だんだん他のことやっても大丈夫なのかなってストライクゾーンを広げていくようにしていくのがいいんです。

お笑いに関して言うと、時代の流れとして、漫才はシンプルなほうがいい時代に戻ってる感じです。今はコントが苦戦してますけど、またコントの時代が来るかもしれません。人が何を言おうとも、時代は形を変えて繰り返しています。今は大阪では落語が見直されて落語ブームですよ。上方落語協会の人メッチャ増えてるらしいです。

結局、なんや息苦しい世の中を打破できるのって、やっぱり笑いしかないなとボクは思いますね。

まだまだテレビは面白くできるはず！

最近、若者のテレビ離れが言われてますけども、テレビでも面白いのもあるんですよ。ただね、視聴率がいいからおもろいかっていうと、それは比例しているわけじゃないのが難しいところなんですわ。

ボクが『正義のミカタ』に出る前、日本のことを考えるええ番組やなと思っていたのは『朝まで生テレビ！』。そんな深夜にせんと、ゴールデンでやれやってずっと思ってたくらいですから。でも、ええ番組だから数字を取れるっていうわけでもないですからね。ただ、面白いもんは面白い！

でもね、最近はバラエティ番組ですら台本どおりに進めることが〝ヤラセ〟なんて言われてしまうんですよ。そこを目くじら立てて言うのもなんだかねぇ。面白かったらいいんちゃうの？

今なら『川口浩探検隊シリーズ』なんて、全部ヤラセだってクレーム入っちゃうんでしょうね。「洞窟に世界初潜入！」とか言っておいて、洞窟に先に入ったカメラマンが中に入ってくる川口さんを撮ってるんだから（笑）。

そこでね、「洞窟に初めて入ったのは川口さんじゃなくカメラマンだ！」ってクレーム入れてもしょうがないでしょ。そもそも、ロケハンもしっかりしてるし、リハーサルも何回もしてるわ（笑）。

それでテレビが面白くなくなったって責めるのは、見てる側の責任でもあるとボクは思います。面白くなくさせてるのもそうちゃう？

ちょっとムゴい言い方になるかもしれませんが、お笑いではある程度〝犠牲者〟が必要なんですよ。それはボクらの中では〝オイシイ〟っていう表現になるんですけど。

ビンタされたり蹴られたりするのも〝オイシイ〟役目なんですよ。そやけど、見てる側の人は吊るし上げだと感じるんですよね。

これ、セクハラと一緒じゃないですか。好きな人からやられたり言われたりしたらセクハラにはならないけど、同じことでも嫌いな人だったら即セクハラ認定でしょ。だから、「テレビが面白くない」って言われるのは憤慨するところもあるし、制作側もビビりすぎてると思いますよ。もうちょっとムチャやってもええんちゃうかな。

ほんならもう、ただし書きを番組の最初に打ったらええやん。「今からムチャをやります」って。「本人の了承を得てムチャをやります。嫌ならチャンネル変えてください」くらいやればいいいんですよ。

ただね、地上波の仕組み上、視聴率だけで評価されちゃうところがあるので、いくら面白いものでも「視聴率が低い」ってことで終わってしまうことは多々あります。

ボクは今でもテレビが大好きなんですが、そもそもこのボクをつくり上げたのがテレビだと言っても過言ではないでしょう。

小っちゃい頃から青春ドラマとかアニメを見て育って、友情、カッコよさ、男らしさというのを学んできました。『タイガーマスク』、『巨人の星』、『あしたのジョー』とか大好きでしたわ。『おれは男だ！』とか『スクール・ウォーズ』とか燃えたなぁ。

それで、何か迷った時にいつも思うのが、自分の今の姿をドラマにした時に、誰がボクの姿を見て喜ぶかなということ。

そしたら、「ああ、喜べへんな。これはちゃう方向のほうがええな。これは意地汚いな」と答えが見えてくるし、反省もできるんです。

ボク、幼少期はあんまり人前でしゃべるようなタイプじゃなかったですね。今までも仕事じゃなかったり、舞台に上がるまでは、しゃべるのは嫌いよ。

でも、この世界に入ったら、そんな人間、ボクだけじゃありませんでした。みんながみんな「オレが、オレが！」ってヤツばかりじゃないですから。

そりゃあ、カメラが回ったらやっぱり芸人って頭おかしくなるんですけど。カメラ回ったらなんかスイッチ入んねやろうね。

「ウソやん、お前さっきまでおとなしかったのに！」とか思いますから。それが、なんか気の利いたことでも言いよったら、「お前ずっと寝とけや」とか思うもん。なんやねん、この二面性はって（笑）。ボクはあんまりカメラ回っても変われへんけど。だいたいね、「オレが、オレが！」っていう人間、あんまおもんないですよ。今はどうかわからないですけども、少なくともボクらの時代はそうでした。

今はボク、たまに映画の仕事もあるんですけど、そのことがちょっとでも頭に浮かぶと、「うわ、嫌やな。行きたないな」とか思うこともしばしば。でも、終わったあとの爽快感がいいから続けてるのかもしれません。

俳優としては下手なんですけども、何か違うもん生まれるのちゃうかな、もしかしたらそこで開花するかもわからんなって思って挑戦してる部分もあります。まぁ生きていくために働かなきゃってことも当然あります。

だから学校で全校生徒の前でしゃべったことなんてないし、教室で5、6人の前でちょっとしゃべるのが精いっぱい。それも、しゃべる時間をもらってなんていうのは絶対ダメでした。

そういう意味では、そんなに目立ちたがり屋ではなかったですかね。笑いを取ったり、人気者になりたいという気持ちはあったと思いますが、自分から手を上げて、「今からオレ、これやるからな」っていうのは絶対しませんでしたね。もうそんなの恥ずかしいて、どうやって仕切っていいのかわからへん。

それが今でも変わってなくて、今でも隙間、隙間を埋めていくタイプ。人に「やれよ」って言われてやる感じで。ただ、そこで上手いことやっていくのは得意。姑息やねん、その辺は。だからMCとか絶対嫌やもん。MCぐらいのギャラは欲しいけど（笑）。

「卑怯なことをしたらあかん」が根づいた原体験

番組ではっきりモノを申す姿勢とか、こそこそネットで書かれるのが嫌いっていうのは、テレビドラマよりもアニメや漫画の影響かもしれません。

『キックの鬼』とか、梶原一騎先生原作の漫画に強い影響を受けた世代ですからね。当時のスポ根アニメとかから「卑怯なことはしたらあかん！」って学んだんですよ。

それで思い出しましたけど、高校の時にガンつけた、つけてないでモメたヤツが家の電話番号を調べて電話してきよったことがありました。

「おい、今からお前の家、燃やすぞ！」

燃やすぞって……ウチ団地やのに、1階のボクの家燃やしたら大惨事やで（笑）。

「燃やしてほしなかったら、お前、今から出てこい！」

「おう、どこや。行ったらあ！」

「お前ひとりで来いよ」

「おう！」

そんで、隣の駅まで自転車に乗って指定されたところに行くとそいつがいて、「なんやねんこら！」「お前ガンつけたやろ！」「やかましいわ」とか言うとったら、ひとり出てきて、またひとり出てきて……最後、5対1になって。

乱闘になったけど、5対1になったらもう勝たれへんから、防御一辺倒。バッコバコ殴られたけど、完璧に防御してたら痛ないねん。ダメージなんかないの。

でも、そこはやられたふりしてね、行きよったなと思ってから家に帰りましたけど。

「アホ、ホンマになんじゃアイツら、5人で来やがって」って言いながら。

だけど、自分の中では正義です。だってひとりで行ったから、約束は守ったと。なのに汚いヤツめと思って。

それで、それが高1の時だったんですけど、高3になってから大阪の十三《じゅうそう》の駅でばったりそいつと会うたんですよ。向こうはボクのことを忘れてるけども、こっちはグワッと覚えとってね。

「おいコラ！　お前覚えてるか、え？　オレや。お前、家燃やすって言うとったやろ。お前汚いな、5人で来やがって。今やったろうか？」

ほんだら、そいつ、「え？　いやいや……そんなんちゃうねん」とかビビッてね。殴りはしませんでしたけども、人がおる前で「アホ、お前汚いねん！」って言うて、恥かかせて仕返しはしました。そうしたら、バーッて逃げ帰りましたわ。

まぁ高校の時はヤンチャはヤンチャでしたけれども、見た目がいかつかったから、あんまりケンカを売られることはなかったですけどね。

『ビー・バップ・ハイスクール』のトオルとかヒロシにならへん、菊リンにもなられへん4、5番手ぐらいな感じのキャラやったかな。

お客さんがいなかったらボクらはただのアホ

ボクがこの世界に入ろうと思うくらい、憧れてたのは太平サブロー・シローさん。漫才ブームというか漫才の絶頂期の時でした。横山やすし・西川きよしさん、オール阪神・巨人さんも大好きでしたね。

そっから10年くらい経ってから、おもろいな〜と思うたんはダウンタウンさん。ボクがまだ素人の時に、島田紳助さんが司会でやってた『ヤングプラザ』っていう朝日放送の番組があったんですよ。そこでダウンタウンさんが漫才やってて、すごいなと思って調べたら、「NSC」（吉本総合芸能学院）の生徒さんだったというので、すぐに願書を取り寄せて4期生として入学したんです。

その後、何とかデビューできた後のことですけど、心斎橋筋2丁目劇場があった時に、稽古の時間を勘違いして行っちゃったんですよ。

「おはようございます〜」って扉をパッて開けたら、明石家さんまさんが座ってはって……いや〜ホンマに後光差してましたもんね。さんまさん、光ってたもん。

ほんで、村上ショージさんとMr.オクレさんもおってんけども、おふたりは後光が見えへんかったな（笑）。

さんまさんはフワッて浮いて見えたんですよ。オーラが半端なかったんです。慌てて「あ、すんません！」って扉を閉めたんですけど、そのカッコ良さは目に焼き付きました。60歳超えた今もなお、あれだけしゃべり続けるエネルギー……すごいなと思いますわ。

それから今まで、ボクは何とか好きなお笑いの道で食っていけてますけど、お客さんがいなかったらボクらただのアホやからね。

でも、お客さんがいなくても、お笑い好きなヤツと面白いことをやっていたら楽しいんですよね。要は、それをお金に換えられているんだから幸せだと思います。

お客さんにわかってもらわないと食べていかれないことも理解してますから、そこは「お笑いの哲学」なんか持ち出したり、あんまりツッパってもしょうがないとも思ってます。「大衆に迎合するような笑いはダメだよ」とか偉そうに言ったところで、「いや、迎合せな、お前どこでメシ食うねん？」ってことだから。

お客さんを笑わせんで、誰を笑わせるん？　だったら別に起業でもして稼いで、客関係なしでお笑いやったらええがな。

ただ、「オレはちゃうねん、そんな大衆とかやなくて、シュールでやるんや」っていったって、結局それが面白いって世間に認められたら、もう大衆ですからね。

ボクだって何の知識もなく初めてピカソの前衛的な絵を見せられたら、はたして「えぇなぁ」と思ったかどうか。「何やねん、このけったいな絵は？」とか言ってたかもしれませんね。

逆に言うと、ボクはお笑い界のピカソみたいな存在にはなれないし、なりたいとも思いません。「一部の人間さえわかってくれたらいい」なんて、全然思ってませんもん。

笑いもテレビも「生」がええねん！

お笑いもテレビもそうなんですけども、やっぱり生放送、ライブがいいですよ。寄席《よせ》がやっぱりおもろいですから。

ライブの良し悪しというのは、笑いによってお客さんが決めてくれるもの。それでウケたらこっちのものです。ボクら対お客さんで成り立ってるからね。

ですが、テレビというのは視聴者とボクらの真ん中に、プロデューサーとかディレクターとか、局の会社の人間が入るんですね。その人らに認められる認められないというのが大きいと感じる時もあります。ホンマに大変な世界です。

それで、さらに広告代理店の方とか、どういう評価で見てるか知りませんが、ほかにもいろんな人らもいるから、簡単に出られるもんでもありません。

芸人としては、そりゃテレビに出て、劇場にも出たほうがいいですよ。テレビでの稼ぎっていうのはかなりの比重になりますからね。

でも、なんばグランド花月のような演芸劇場に行けばわかると思いますが、テレビではそれほど見なくても、ドッカンドッカン笑い取ってる人、いっぱいいてますからね。

たぶんテレビ局で制作とかやってる人が、「テレビ向きじゃないんだよね」って決め付けてるところもあるんじゃないでしょうか。「いやいや、お前が決めんなよ、取りあえず出してやれや！」とかってボクは思いますけどね。

もちろんコンプライアンスが厳しい時代だから、プロデューサーも代理店の人もがんじがらめなんでしょう。さっき「テレビ向きじゃない」って話を書きましたけど、「面白いけどテレビには出せない」が正しいかもしれません。

結果、どうしても似たような顔ぶれ、似たような番組が増えてしまいます。実際、今テレビに出てる人たち、みんな同じじゃないですか。どの局も一緒でしょ。

『オレたちひょうきん族』を作った故・横澤彪《よこざわたけし》プロデューサーが、吉本にいてはった時にね、なんか知らんけどボクにようしゃべりかけてくれはって。

「テレビってさ、作ってて面白くないんだよね。みんなの人気者はひとりでいいんだよ。でも、なんでその周りにいるヤツがどこも一緒なの？　だから、自分の仕事って何かっていったら、面白そうなヤツを発掘することなんだよね」

と言ってはりましたわ。たしかに、昔のプロデューサーさんはよく自分で劇場まで見に行って、いろいろ発掘していたそうです。発掘っちゅうか、他局と被らないように、その局のオリジナリティを出そうとみんな必死に考えていたと思います。

でも今のテレビマンはそれも許されない環境下にあるし、どんなに芸人の力を見抜く目を持っていても、コンプライアンスで活かされないことも多いでしょうね。そんな中でも頑張ってくれてるなって尊敬も感謝もしてますけど。

そういえば、横澤さんにも**「舞台がいいよね、ほんこんちゃんは」**って言われてました。「舞台は面白いよね、舞台がいいよ」って、何度も言ってはりました。

たしかに、舞台には「生」ならではの面白さがあります。最近はテレビでお笑い番組の「生放送」を見かけなくなったのは寂しいわね。

昔の自分より今の自分のほうがおもろい！

こういうお笑いの世界で生き残っていくのは大変っちゃ大変なんだけども、抗《あらが》いきれない時代の流れもありますからね。その中で自分がどのレベルで食べていけるかっていうことでしょうね。

ボク？　もっと上やったなと思ってんのに、低いもん。「なんでこんなんやねん！」ともう憤りだらけですよ（笑）。ま、そういう常に上を目指す気持ちがなかったら、今のこの低い位置すらなかったんちゃうかな。今も芸人できてなかったかもわかれへんし。

ただね、自分のことってあんまりわからないもんなんですよね。テレビとかで、もっと前に出たほうが良かったのかなとか、後悔の念は多々ありますよ。もっと今の『正義のミカタ』の時ぐらいに前に出て、バーッて目立ったほうが良かったかなって。

でも、やっぱりお笑いにも個人の笑いじゃなくてチームの笑いがあるので、それぞれ役どころがあるんですよ。中には「死に役」っていうのもありますから。みんながみんな主役だったら成り立たないでしょ。死んでても生きてる役だから、それがなかったらダメだっていうね。ボク、ちょっと死に役、多すぎたかな（笑）？

だから、オチ前にもう少しいらんことして目立っても別に良かったかなって思うところはあります。でも流れがあるから、ポジションちょっと考えすぎたかなとか思いますけどね。後悔といえばそれぐらいかな。

今は楽しいですよ。**だから、昔の自分より今のボクのほうがおもろいわって思ってます**。それでいいんちゃいます？

昔も昔でおもろかったけど、『ごっつええ感じ』はある意味、特殊なお笑いやったたから、ボクは向いてなかったかもね。ボクはもっと大衆迎合のほうやったから。ちょっと『ごっつ』みたいな飛び抜けた、とんがった笑いには正直ついていけなかったのかもしれません。それも大きな糧《かて》になってるけどね。

あれからボクも成長しました。今、舞台を見てくれたら、また違う印象を持ってくれるとは思ってます。

いや〜、新喜劇やいろんな舞台もライブでも見てほしいわ、ホンマに。

今も試行錯誤の毎日やけど、こうやって本も出させていただくってくらいだから、前に進んでるってことでしょ。『ごっつ』の経験が今も生きてるってことでしょ。

人はいくつになっても成長できるはずです。

今のほんこんの笑いをぜひ生で見てください。

おわりに

お笑いの道に進む前、ボクはサラリーマンをやっていました。そこでもいろんなことを経験したから、それは自分の芸の肥やしにはなってます。

今はタコ焼き屋の経営もやってるので、従業員、アルバイト、業者さん、そしてお客さん……と、それぞれの立場の人と話をしてきたし、それぞれの立場を経験してきて、それぞれの気持ちもわかると思ってます。

そこで思うのは、**ひとつの立場だけから一方的に物事を考えてはいけないということ。**真実はひとつであっても、立場によってはミカタが大きく変わってくるっていうこと、あるんです。

最初に『正義のミカタ』出演の打診があった時、こういうのやりたいなと思ってましたから、「ついに来たか！　好きなこと言うたれ！」と思いましたね。「好きなこと」って、テレビで言える範囲の「事実」のことね。

他のニュース情報番組をテレビで見てて、「コメンテーターがわからんこと言うとんな」とか、「これ、ちゃうこと言うとるがな！」とかイライラしてましたから。

ほんで、芸人やタレントとかでも大阪のニュース番組に出たり、全国番組のコメンテーターになって発言するのを聞いて、「何？　このフワッとしたコメント？」って思ってました。特に政治の話になったらダンマリ決めてるし。「おもろいこと言うわけでもなく、もうなんやねん、こいつは！」とか、ずっと思ってました。

だから、『正義のミカタ』の話が来た時は「ええわ、好きに言えるやん。MCは東野くんやし、なんかあったらあいつのせいにしたらええか」って（笑）。


実際、政治の話になったら、笑いを取ろうとか一切思ってません。真面目な話、「世間ではこんなこと知りたいねんな」ってことを聞くのが役目だと思ってます。それで、評論家や専門家の先生の発言に、「なんでそこをはっきり言うてくれへんねん？　この人ちょっとそっち側、擁護してんな」とか思うたら、ガーって言うてまうのよ。

せやから、そこはお笑いでいうツッコミ役。例えば、コントや漫才をやってる時はボクはツッコミ担当なんですけど、ツッコミの役割っていうのは、ボケの面白さをいかにお客さんにわからせるかということ。「この笑い、わかりませんか?」っていうのがボクらの仕事なんです。

だから番組では、お客さん、視聴者さんに、「この人が何を言いたいのか」っていうのをツッコんで引き出すみたいな気持ちでやってます。

そしたら、見てるお客さんが、国民が思うてることをズバズバ言うてくれるって時にはホメてくれるようになったというわけ。

日本人って議論が下手とか言われてましたけど、こういう番組に出て、それがよくわかりましたわ。トランプや習近平のように、自分の主張ばっかりで周りの話、聞かない人が多いんですわ。

まさに今の野党と一緒。でも、それはそれでいいとは思いますけどね、まずは話すってだけでも大事です。

でもね、コメンテーターが自分の主張、答えを全部言って終わったようにするのは違うと思います。中にはMCがね、こっちのパネリスト席に座らないとおかしいでしょってくらい主張する人もおるしね。


そんな中で『正義のミカタ』は楽しいし、勉強になるし、愛国心に火が点きました。

そもそも、この国は「愛国心」を言わなさすぎます。日の丸に感謝というのも少なすぎると思いませんか？

国歌を歌うことが悪みたいな風潮、何なんですか、これは！

学校の始業式とか終業式で反対する人、何でかな？

敗戦したからですか？　敗戦で学ぶことがあるのに。敗戦したからこそ戦後70年も戦争しなかった素晴らしい国民なのに。

本文でも言いましたが、こんなボクたちが憲法を変えて武装したからといって、急にどこかの国を侵略するようなことはないって、絶対！

もっと自分たちのことを信じようや。

アメリカの子分じゃないかって心配してる人もおるけど、自分らで武装したらホンマモンの独立国になって、アメリカ軍が日本にいる理由がなくなるんですよ。そんで、やっと戦後の終わりです。


新たな平和を求めるなら、日本国民も意識を変える必要があります。まず、ちゃんと選挙に行って、国益になる議員を選んでいかないと。国民が議員を育てなければいけませんよ。お客さんがお笑い芸人を育てるようにね。

そのためにはマスコミの力も必要なんですけど、マスコミも変わっていかなければYouTubeに飲み込まれてしまうかもしれへんよ。

それから、お年寄り、年配の方。元気なうちに若い人間をちゃんと育てないといけません。「とりあえずウチらは年金もろうて死ぬだけやから、政治、どうでもええわ」って思って、昼からカラオケしてる場合ちゃうで！

その育て方も「お前ら、将来どうなるのかわかってるか？」っていう上から目線ではなくて、「キミらが私らの年になった時に、この日本はあるのかないのか？」っていう問いかけみたいにして、一緒に知恵を出して考えてほしいと思います。

それから、教育。もっと国を愛するような教育をしないとね。それは、他国を貶めるようなものじゃダメですよ。

例えば、「日本というのは外国の統治やら戦争やらいろんことやってきて、間違ったこともあったけども、戦後はＯＤＡなどで償ってきました」と。

で、「世界中から日本は、戦争のない平和な国、経済・技術の進歩した先進国、民主主義を謳歌《おうか》できる自由な国、礼儀と謙虚さにあふれた美しい国、世界最古の血統を誇る天皇陛下が見守る素晴らしい国だと思われている。そこには誇りを持ってくださいね」と。

こういうふうに、ボクらも若い人に伝えていかなくてはいけないと思います。


いや～、それにしても戦後はアメリカから押し付けられた憲法でやってきたけども、日本人って真面目よね、七十数年も戦争してないんだから。

「いやいや、ＰＫＯで自衛隊を海外派遣したがな！」

「同盟国に血税を与えるのも戦争に加担してるってことやろ！」
「トランプからようけ戦闘機買ってるやん！」

という声も出るけど、野党も含めてそれを止められなかったんだから、みんなも加担してるってことですよ。政府与党だけのせいじゃありません。

与党の議員を選んでるのは国民なんです、民主主義なんだから。支持率が低いって言うなら、少数派の意見も聞けって吠えていればいいがな。

でも、なんで野党が少数派になってるかというと、国民に支持されてないから、選挙で勝たれへんからですよね。

だったらいい政策つくって、与党と対決していけばいいだけ。相手の足を引っ張ったり、何でも反対してるだけじゃ何も生まれませんよ。

クルマ買う時と一緒やん。国民がユーザーですよ。走りがいい、デザインがいい、燃費がいい、値段もちょうどいいなら買いまっせ。それなのに、「あっちのクルマはカッコ悪い」とか「あのメーカー調子に乗ってる」とか、他社をけなしてるだけで売れますか？　売れないやろ。

いい商品、いい選手を育てれば企業も球団も強くなるんだから、野党もいい政策、いい議員を育てていかなきゃいけません。

そう考えると、やはり国民ひとりひとりの責任も大きいですよ。いい国民がおったらいい国になります。悪い指導者を選んだらやっぱり悪い国になりますやん。しっかり勉強しないといけませんよ。

平和があってこそ、ボクはお笑いができる。その平和が享受できているのも先人たちの苦労、努力の賜物《たまもの》です。そこへの感謝も忘れたらいけないし、未来志向もまさに今を生きているボクたちが持たないといけません。

過去は変えられないけど、未来で過去は変えられるんです。

この「令和」の時代に、日本がちゃんとした国になることを願ってます。

そのために、これからもボクは「日本のミカタ」です！

２０１９年7月吉日　ほんこん

日本のミカタ
ボク、この国のことを愛してるだけやで！

著者 ほんこん

２０１９年８月１日初版発行

ほんこん
１９６３年６月16日生まれ。大阪府大阪市東淀川区出身。吉本興業所属。ＮＳＣ４期生。板尾創路との漫才コンビ『１３０Ｒ』およびピン芸人としてバラエティ番組や劇場などで幅広く活躍中。また近年は『教えて！ＮＥＷＳライブ 正義のミカタ』など情報番組のパネリストとしても注目を集めている。趣味はサーフィン。飲食店経営者としても手腕を振るっている。

装丁 橘田浩志（アティック）／小口翔平・山之口正和・谷田優里（tobufune）
校正 玄冬書林
構成 中野克哉
編集 岩尾雅彦（ワニブックス）
協力 吉本興業株式会社

発行者 横内正昭
編集人 内田克弥
発行所 株式会社ワニブックス
〒１５０－８４８２
東京都渋谷区恵比寿４－４－９えびす大黒ビル
電話 ０３－５４４９－２７１１（代表）
０３－５４４９－２７１６（編集部）

印刷所 凸版印刷株式会社
ＤＴＰ 株式会社 三協美術
製本所 ナショナル製本

ISBN 978-4-8470-6628-3
ワニブックスHP http://www.wani.co.jp/
WANI BOOKOUT http://www.wanibookout.com/